W9-CSR-259

¡SANA A TUS HIJOS EMOCIONALMENTE! CON EL PODER DE LA PALABRA

¡SANA A TUS HIJOS EMOCIONALMENTE! CON EL PODER DE LA PALABRA

Familias en contacto alma con alma

Eduardo Aguilar Kubli

EL LIBRO MUERE CUANDO LO FOTOCOPIAN

TÍTULO DE LA OBRA: ¡Sana a tus hijos emocionalmente!... con el poder de la palabra

COORDINACIÓN EDITORIAL: Gilda Moreno Manzur

© 2014   Editorial Pax México, Librería Carlos Cesarman, S.A.
Av. Cuauhtémoc 1430
Col. Santa Cruz Atoyac
México DF 03310
Tel.: 5605 7677
Fax: 5605 7600
www.editorialpax.com

Primera edición
ISBN 978-607-9346-26-3
Reservados todos los derechos
Impreso en México / *Printed in Mexico*

Índice

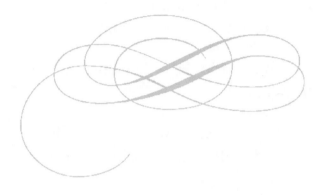

AGRADECIMIENTOS

A todos los alumnos del Instituto Gestalt de Morelia,
que aportaron sus sugerencias
y ayudaron con la investigación para hacer este libro,
así como a sus directivos y maestros
que viven la calidad humana con hechos.

Agradezco la colaboración en la realización de encuestas
sobre el tema del libro a más de 200 jóvenes,
a María Fernanda Ramón Garza
y Eduardo José Aguilar Flores.

E.A.K.

DEDICATORIA

A mi padre, a quien le dedico este libro, en paz descansa.

Al padre que no sabía cómo

Mi padre querido fue educado en esa dura época del autoritarismo irracional. Yo lo veía enfrentar con mucha angustia y presión sus sentimientos reprimidos de ternura; hacía todo lo posible por esconderlos y así no mostrarse "débil", logrando a cambio imponerse con fuerza... él quería expresarlos... pero no sabía cómo.

Fue duro con cada uno de sus hijos, severo y castigador... él quería el acercamiento afectivo... pero no sabía cómo.

Elegía nunca reconocerte y ser frío, ignorar, ser indiferente, aunque después te enterabas de que a escondidas presumía los logros de sus hijos... él quería abrazarte y felicitarte diciéndote lo orgulloso que estaba en realidad... pero no sabía cómo.

La fuerza de su autoridad y el poder que pretendía eran del mismo tamaño que su amor por nosotros; poco lo dijo. Sus armas principales eran los desprecios y soeces regaños... él quería derretirse por nosotros... pero no sabía cómo.

Ahora que todo pasó y asimilo la situación que vivió, le dedico este libro. Estoy seguro de que ya bien sabe en el cielo cuáles eran sus verdaderos sentimientos, su amor, y estará feliz porque, a pesar de sus escondites de inexpresión, de todos modos captamos su amor, en medio de tanto dolor. ¡No volverá a pasar, padre mío! Parece que él me encargó escribir este libro, en mi inconsciente llevé el compromiso de hacerlo como palabra de honor.

Festejemos ahora que el dolor acabó y trabajemos más sobre la bendita inspiración. El alma feliz es el alma sana, entremos todos en la gran recuperación.

¿En dónde estaba la generación que educó a mi padre? ¿En dónde estamos madres y padres ahora para educar?

¿DÓNDE DEBEMOS ESTAR?

EDUARDO JOSÉ AGUILAR KUBLI

INTRODUCCIÓN

Una palabra negativa de los padres a sus hijos puede,
para sanarse, requerir hasta dos mil frases positivas
afirmando lo contrario, a lo largo de su vida.
¡Y esto para sanar la herida sólo a medias!

JEKA

La arquitectura de la palabra

El poder de tu palabra, papá, mamá o adulto(a) tutor(a), desarrolla un tipo de "arquitectura" en la vida de tus hijos. Como psicólogo con más de treinta años de experiencia puedo testificar, avalado rotundamente por la investigación, que a menudo lo que se les decía a los niños, en la palabra de los padres, dejó una huella marcada para bien o para mal que perduró en ellos toda su vida.

Estos niños, en su proceso de crecimiento, aun cuando lucharon por liberarse de ciertas "cadenas conceptuales" (en los casos de expresiones negativas de sus papás), muchas veces no lograron deshacerse del todo de la influencia negativa, que dejó en el camino grandes estragos emocionales que hubieran podido evitarse con una mayor conciencia acerca del peso de nuestras palabras.

Para que tenga poder, **la palabra debe ser franca, sincera y congruente**. Por eso, para transformarnos con base en la palabra positiva, conviene alinear el entorno y la disposición para trazar un cambio favorable en el que todos ganemos. Ése es el reto de adoptar una alternativa como ésta, oportunidad de oro que normalmente no se aprovecha como podría aprovecharse.

Cuando la "arquitectura de la palabra" fue dada a los hijos en el lado positivo y feliz, también es notoria una influencia benéfica para toda la vida.

Sin embargo, lo preocupante es que estos casos son muchos menos de lo que podríamos esperar. Cuando en conferencias al público pido que alcen la mano los participantes que escucharon a sus padres decir algo maravilloso de ellos y que guardan en su memoria emocional esos gratos momentos e influencia positiva, vemos que lo hacen sólo unos cuantos y de vez en cuando indican que eso les ocurrió. Otros alzan la mano porque ¡no entendieron la pregunta!

Estoy convencido de que ésta es precisamente una gran área de oportunidad para todos los que somos papás y educadores, y es la razón principal que justifica este libro. Me entusiasma la idea de que los padres y tutores seamos más proactivos, perseverantes y entusiastas para transmitir a nuestros hijos cosas bellas, haciendo una gran contribución a la plenitud de la vida que les toca vivir.

Las palabras pueden cortar las alas para siempre o averiar muchos despegues y despliegues del potencial de los pequeños y adolescentes. No sólo eso, pueden enfermarlos e incluso afectar fuertemente su capacidad de felicidad.

Lo anterior no debe ni puede seguir ocurriendo a diario en medio de nuestra pasividad y complacencia. ¡Todo lo contrario!

Aquí estableceremos las bases y elementos de tus palabras para que sean verdaderas vitaminas para la salud integral de tus hijos, alumnos o quien conviva contigo en donde sea, ¿te parece?...

Bien, entonces, en este sentido en el libro ¡vamos por todo y por todos! Ése es el objetivo a lograr.

Sé que los papás quieren hacerlo y a lo largo de mi vida profesional he realizado una gran alianza con ellos. No obstante, están faltando ideas, recursos de lenguaje, sugerencias para que nuestros hijos salten en la órbita del buen ánimo por lo que les decimos.

La palabra es una mina de oro y estamos sentados en ella. Vamos, pues, a escarbarla y sacar "centenarios", no por esa moneda famosa, sino porque la influencia positiva que causemos en ellos y sus beneficios duren ¡cien años!

Comprometamos la vida con base en la palabra y comprometamos la palabra para delinear nuestra vida en familia.

Una relación de ayuda se define, de acuerdo con la Asociación Psicológica Americana, como:

> Una relación en la que por lo menos una de las partes intenta promover el crecimiento, desarrollo, madurez o mejora en el funcionamiento de otro.

Los papás somos guías, "coaches" o mentores de nuestros hijos, decimos por dónde y por dónde no ir, indicamos y subrayamos lo que hay y lo que no hay que ver, los conceptos de la vida que son importantes, filosofías explícitas o implícitas para enfrentarla; todo esto con miras a que construyan su "edificio" en la forma más hermosa posible. En el proceso compartimos nuestro propio "edificio" que, cuando logremos embellecerlo, automáticamente nos ayudará a crear un mejor mundo en ellos.

El milagro más grande de tener un hijo o hija está ahí: cada cosa que haces para tu sabia felicidad es algo que haces para la felicidad de él o ella, y cada cosa que realizas para la satisfacción de ellos es algo que te enseñará a ti a brindarte más tesoros de alegría.

Algo que parecería increíble, y lo verás con este libro, es que el uso de la palabra bella para ellos hará que transformes y te transformes a ti mismo, y que embellezcas tu propio edificio. ¡Gracias al milagro de la familia, nos construimos juntos infinitamente!

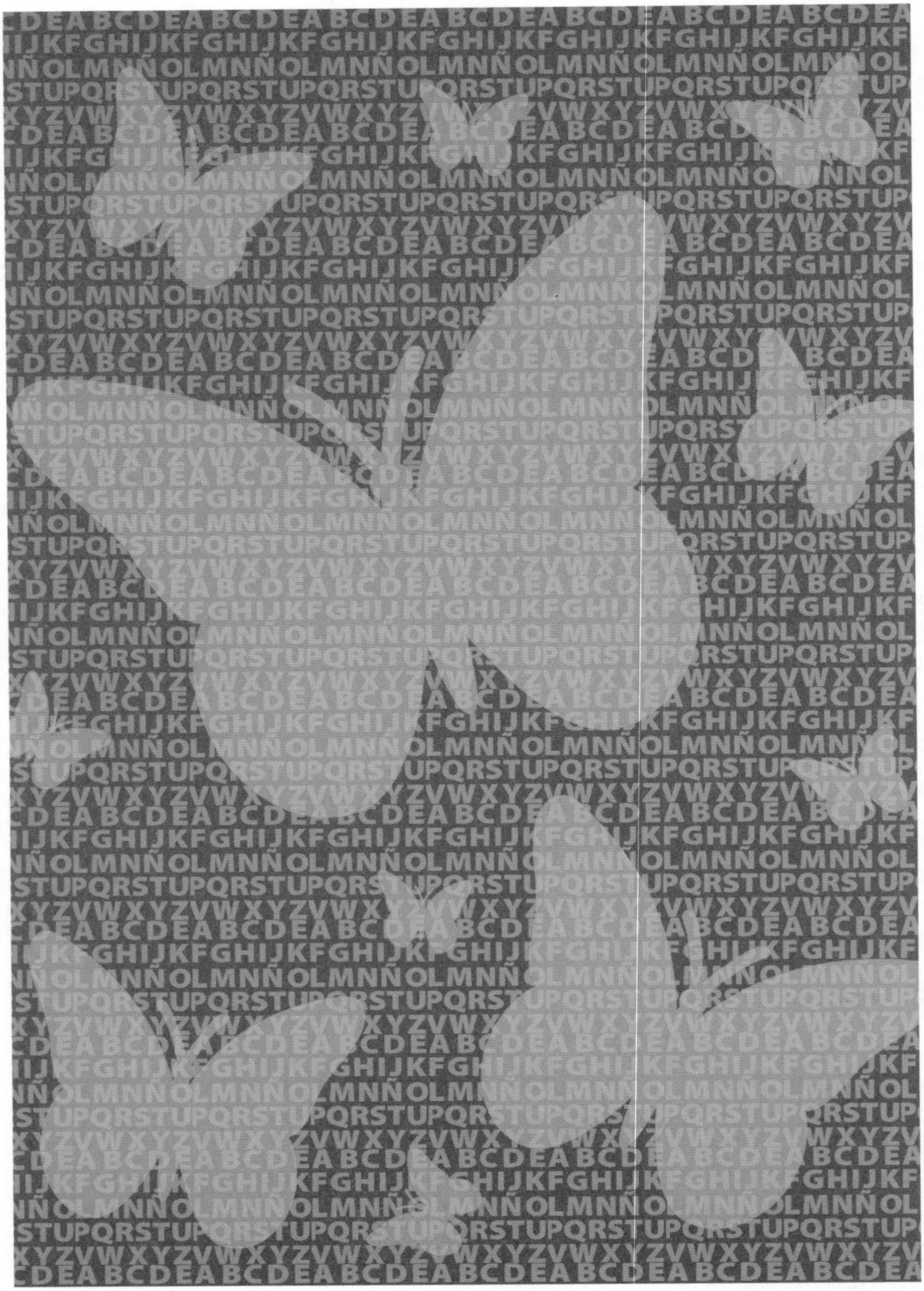

Si llevamos a cabo una "cruzada verbal positiva" en torno a ellos, estaremos transformando al mismo tiempo, de manera positiva, su realidad y su vida. La palabra cambia el mundo y puede sanarlo.

La palabra es compromiso y guía. Está bien que nos digamos muchas veces "te quiero", pero al repetirlo tanto puede sonar hueco y aburrido, cuando hay tantas cosas más que decir que verdaderamente harán explosión en su espíritu.

Por consiguiente, prepárate, prepara a tu hijo o hija, y amárrense los cinturones de seguridad porque entrarán a un mundo en el que los lazos de amor brillarán y las almas se unirán constantemente para regocijarse. Eso es lo que consigue precisamente la palabra, esa asociación melódica de letras que compuestas no son igualadas por ninguna otra sinfonía.

¿Cómo hacerlo? Eso es lo que aprenderás en las siguientes páginas. El libro te dará los elementos y conceptos básicos para que tus palabras sean poderosas piezas de realidad que construirán beneficios para tus hijos, como tabiques sólidos, como grandes muros de cimentación. No nos enfocaremos en cómo se destruye o cómo creamos debilidades a través de nuestras frases, eso ya lo sabemos hasta el cansancio.

Lo que falta en nuestros días es un amplio vocabulario para **edificar espíritus** sanos, felices y que den lo mejor de sí, en un contexto amoroso. Por ello dedicaremos todo el peso del libro al área positiva, aunque de vez en cuando quizá mencionemos lo que no se debe hacer.

Nos dedicaremos de lleno a que tú, padre y tú, madre de familia, tengan un clóset amplio y repleto de referencias verbales rápidamente disponibles para dar calidad de vida y sanación emocional a sus hijos —y, por tanto, contribuir a que rebosen de todos los tipos de salud que existen—, dejándoles una herencia emocional que ningún dinero puede comprar y una gran riqueza que nadie puede realmente vender.

¡COMENZAMOS!

NOTA DE PRECAUCIÓN

Si este libro remueve tus errores del presente o del pasado, si te das cuenta de las oportunidades que has perdido o los obstáculos que has creado en tus hijos debido a la forma en que pudiste herirlos o lastimarlos, si sueles externar expresiones insultantes y agresivas y te quedas mudo por el impacto de haberlo hecho, no abandones tu cometido de aprender a hablar con palabras bellas.

¡DESDE HOY PUEDES EMPEZAR A SANAR!, sí, a ti mismo y a tus hijos, es mi promesa.

Y lo maravilloso de emprender cambios positivos con nuestros hijos es que **¡nunca es demasiado tarde!**

Capítulo 1

¿Quiénes son tus hijos realmente? Y por qué es tan importante la palabra

Regocijémonos porque somos espíritus.

Jeka

Tu hijo o hija son espíritus, arraigados en un cuerpo que presenta, condiciona y limita muchas necesidades que tienen que ser atendidas, pero el que comanda el amor infinito es justamente su espíritu. Como espíritu, tu hijo(a) necesita enlazarse en una comunidad de amor, de calidez y buen trato; si no la encuentra, enferma emocionalmente y, como ya sabemos, esto puede ser devastador de muchas maneras para el funcionamiento adecuado del cuerpo.

Espíritu, mente, cuerpo y ambiente interactúan integralmente y su desarrollo se da en multiniveles. Lo importante es enfocarnos en lo que transmitimos y en cómo nos "conectamos". La palabra que sale de tu boca, amorosa y tierna, cálida y solidaria, es un tónico indispensable para el alimento del espíritu de tus hijos, quienes, sin saberlo, lo necesitan como respirar. El regalo que implica que compartan su vida con nosotros y darle sentido se amplía cuando todos los días disfrutamos juntos los pequeños detalles que no son más que miles de oportunidades para ejercer el amor en todas sus gamas.

De nuevo, en ese entorno lo que dices y cómo lo dices y expresas es un hilo conductor para alimentar, para expandir su esencia espiritual que un día ha de ser descubierta como un ser de infinitas posibilidades con miras a la eternidad.

Cuando se equivocan los caminos, y las palabras son ásperas, destructivas, agresivas e intolerantes, el espíritu no se acaba, pero la salud merma y el viaje por la vida se hace más corto y difícil. En tu boca está la gran posibilidad y el poder de caminar hacia un lado que sea maravilloso.

Prevenir significa reducir los riesgos de que nuestro hijos padezcan desórdenes, enfermedades emocionales y comportamientos sociales destructivos si desde pequeños los llenamos de estímulo, motivación y reconocimiento amorosos y positivos por medio de palabras bellas sustentadas con el trato respetuoso.

Una vez definido el espíritu, ¡vamos a iluminarlo, a colorearlo, mediante la expansión que provoca el contacto de la palabra amorosa!

¿Por qué hacer menos que eso? ¿Quién no merece toda la belleza de nuestras palabras? Ninguno de nuestros hijos debería recibir lo que no sea bello.

En la sección de maternidad de los hospitales las personas comentan que el recién nacido es feo, bonito, delgado, grueso, sano o enfermo, parecido a mamá o al abuelo, como referencias de lo más inmediato y lo visible. Pocos comentan sobre lo invisible, pero a su vez lo más real e importante: ese niño(a) que acaba de nacer es un monumento por construir en el amor que representa un reto para todos. Llega al mundo en medio de nuestra ceguera, ya que no sabemos a ciencia cierta de dónde venimos, a dónde vamos o por qué estamos aquí. Ese pequeño(a) viene con sus gafas oscuras como todos y pondrá a prueba una y otra vez la evolución de una sociedad que se da la mano, ayudándose a caminar, o se enfrasca en cómo hacerse tropezar.

Ese espíritu naciente depende en gran medida de nuestro amor, que es su nutriente principal para crecer sano y pleno. Por su parte, la palabra es el tónico para mantener su salud emocional y ayudar a cubrir todos los requerimientos de su aspecto físico y material.

No es un ser que nace con caprichos y desviaciones, ni su llanto es intencional. En efecto, se formará en una cultura imperfecta con errores y aciertos, pero, a pesar de todo, su espíritu siempre se mantendrá anhelante del amor y la belleza, el buen trato, la alegría y la calidez que le acompañan.

En esto radican la esencia y la oportunidad: no nos damos cuenta de que en el fondo todos somos espíritus anhelantes de amor. Podemos necesitarlo más o menos o estar conscientes de cuánto amor recibimos, eso no importa. El **espíritu responde** al amor aunque, por las distorsiones que se han vivido, las cuerdas que se tengan que tocar sean más sofisticadas y delicadas. Sean cuales sean tu historia, condición, lugar y forma de vivir, es sencillamente *inevitable* que tu espíritu reaccione al amor.

Somos responsables de los espíritus de los demás, en el sentido de la relevancia de que les demos amor y oportunidades al amor.

Desde que nacemos el espíritu anhela el Paraíso y lo busca como puede. Está diseñado para el cielo, el cual corresponde a nosotros intentar construir. Jamás renunciará a las infinitas satisfacciones que desea alcanzar, aun cuando eligiera dejar de existir por una falsa conclusión, por la frustración causada por no encontrar o ver perdido para siempre lo que se le dice que puede conseguir. Su espíritu le dicta lo que puede hacer, aunque la persona decida para siempre que no quedan ya opciones. Estamos hechos para la insatisfacción justo porque sentimos que algo nos arrastra a avanzar sin nunca detenernos.

El espíritu está conformado de tal manera que puede disfrutar el momento y al mismo tiempo darse cuenta de que anhela algo más, algo mejor o algo superior porque además de gozar el presente está preparado para el infinito.

Una persona me platicó que había tenido muchos sueños deliciosos y repetitivos en los que volaba y me decía: "Me estoy acostumbrando a volar, ya es lo común, quiero ver qué sigue después de esto... cuál es el siguiente avance". Esta característica de nuestra esencia es maravillosa cuando se refiere también al amor porque nos pone en la inagotable certidumbre de que nunca se terminarán las maneras de darlo y recibirlo para felicidad nuestra. Lo mismo debería suceder en cada uno de nuestros hogares: lejos de ir "apagando" lo que nos rodea, el reto es seguir iluminando más y mejor, hasta "centellear" y después lo que sigue. Las cadenas nos retan y limitan, la inteligencia puede gradualmente superarlas y minimizarlas.

Un hijo recién nacido es un "pequeño(a)", pero su espíritu no lo es en absoluto. No hay espíritus pequeños, todos *son*, simplemente, y todos tienen una importancia fundamental y un potencial infinito. Si no contribuyes a su resplandor, ese espíritu no se debilitará, pase lo que pase; existe y tendrá más oportunidades en su vida eterna. El que habrá perdido la oportunidad eres tú, quien tuvo en sus manos la posibilidad de enriquecerse con la convivencia hermanable de las maneras más fundamentales y no lo hizo.

Cuando tú festejas el espíritu de alguien más, garantizas tu propia fiesta continuamente, un momento que nunca olvidarás o querrás recordar con constancia. Esto tiene valor de eternidad. Toma en cuenta que todo lo que no sepa a amor, es pérdida de tiempo hoy, mañana y siempre.

El espíritu del ser humano no puede socavarse, aunque quisiera. A a su corta edad los hijos ya demuestran día con día su grandeza de espíritu. Conocí a una niña de seis añitos que se paraba frente a la puerta del cuarto de sus hermanitos más pequeños y se las ingeniaba para que su padre alcohólico y sus amigos no pudieran abrirla en las noches para molestarlos. ¿Espíritu pequeño?...

En realidad, al nacer todos somos héroes porque enfrentamos el dilema de estar atrapados en un cuerpo que captura la esencia de nuestros espíritus compuestos de anhelos de libertad y visión de las grandes cosas. Los esfuerzos, la sudoración, las adaptaciones tan colosales que todos tenemos que hacer para vivir con nuestro cuerpo y cubrir sus requisitos, las carencias continuas de un mundo imperfecto que hemos de superar nos dejan con tamaño de héroes. Por eso, lo único que vale es ¡darnos la mano!, ayudarnos y colaborar; toda acción que se desvíe de ello es miope.

Insisto, el espíritu del ser humano no puede socavarse. Recuerdo a un amigo mío, arquitecto de profesión, que hablaba despectivamente a sus obreros afirmando que "así les gustaba que les hablaran". Cuando lo reté a que le preguntáramos a cada uno si eso era cierto —y agradezco la actitud de mi amigo al dejarme sondear—, por supuesto, el resultado fue contundente: a ninguno le parecía ese trato. Al mostrarle las respuestas, hubo en él un cambio para bien.

El espíritu tendrá más, contigo o sin ti, ése es su destino. La pregunta clave es:

¿Qué obtiene **tu** espíritu al entregarte
en amor a quien está cerca de ti?

La respuesta es impresionante: se catapulta hacia el cielo, te lleva a reconocerte en el cielo, en donde la experiencia en calidad es de lo mejor. En ese cielo no hay competencia de nada ni nadie, no hay más que eso: la excelencia total, o la aproximación a ella.

Si andas perdido por otros caminos o desviaciones, se visualiza rápidamente la pérdida de riqueza en tu vida o la franca pobreza interior, la que más enferma, la que más pesa, la que más cara es de todo lo que te rodea.

Son preferibles los abrazos y las palabras bellas. Cotízame ese acercamiento con afectos a tus hijos: ¿cuánto te da cinco minutos de ofrecer e intercambiar afecto? Tu respuesta será: ¡TODO! ¿Y eso no es acaso el cielo? ¿ Hay algo más a qué aspirar? ¿Cómo es posible que el amor de dos espíritus te haga no tener ya necesidad de nada? Tu espíritu lo reconoce... ¿por qué? ¿Te das cuenta de quiénes somos en realidad?

Los padres y madres requerimos un amplio vocabulario de palabras amorosas en las que el espíritu se identifique como si fuera llamado por su nombre simplemente porque responde al amor. Omitirlo es perder una de las más gloriosas oportunidades de vivir en compañía, de compartir la vida.

En nuestra existencia el aspecto esencial es el enlace de los corazones, sueños, anhelos, visiones, alegrías y creaciones. La opción permanente, el dilema en el que nos debatimos, es si hemos de lograrnos como espíritus que se expanden en ese amor infinito o si nos reducimos a mínimas expresiones. Los afectos por los que se mueve el espíritu genuinamente regulan al mundo.

Muchos estamos inmiscuidos en la tragedia de lo cotidiano y la reacción a nuestras necesidades más inmediatas. Peleamos por lo material y los espacios, por sacar adelante hábitos y disciplinas, nos enfocamos en un cúmulo de cosas que consumen nuestro tiempo y responden al mundo material. Pero estar en ese "renglón" impide ver los demás, los del alma, que son, con mucho, los más importantes e incluso pueden conectarse con lo que sucede a cada momento.

Cuando comemos juntos en familia, si en lugar de dedicarnos a pelear, criticar o discutir por algo, nos reconociéramos plenamente como espíritus maravillosos, pasaríamos la ocasión descubriendo con éxtasis infinito la belleza con la que ha sido construido cada uno y que está justo enfrente de nosotros: se llama papá, mamá, hermano(a), tío, primo… amigo. ¿Ya te fijaste en la capacidad de tu mamá para pensar en ustedes? ¿Te diste cuenta de la sagacidad de tu padre para prevenir un problema? ¿Captaste el talento que está desarrollando tu hermano en la música? ¿Percibes la tenacidad de tu hermana para perseguir sus sueños?

Una y otra vez, y en cada comida, por decirlo así, podríamos abocarnos a abrir los estuches guardados en cada espíritu que se manifiesta con una riqueza infinita y variable, tan inagotable como el universo mismo. A enlazarnos en la belleza interior de cada uno, embelesarnos con la obra de una creación compartida que, sí, es cierto, pasa por las vicisitudes y tormentas de vivir en la Tierra. Pero ¿no es acaso fundamental entrenar al espíritu, acercándole un poquito el cielo en el mundo, recordándole que está preparado para la belleza y enlazado en el amor? ¿Por qué no hacerlo? ¿Qué lo impide?

La palabra es una muy buena solución, como seguiremos viendo. Ya basta de intercambiar tapas y cupones cuando podemos vivir lo sagrado día con día, pienso yo.

Hacemos mal al no reconocer ampliamente el heroísmo de la condición humana y el dilema que vive en nuestro planeta cada uno de nosotros, sin que nadie escape.

Un caso para reflexionar

Últimamente he adoptado la costumbre de ir al supermercado y darme alguna idea de cómo tratan los papás a sus hijos en ese escenario. Es increíble lo que ve uno ahí: muchos ejemplos de cómo conviven y se relacionan las familias en ese entorno.

Les cuento un último caso de impacto: el niño iba saliendo del supermercado, un poco lloroso y lamentándose, ante lo cual la mamá, que pretendía calmarlo o controlarlo, le sentenció: "Te voy a pegar para que de verdad tengas una razón para llorar".

Yo los había visto durante las compras. El niño estuvo caminando bastante por los largos pasillos del mercado, en donde le negaban muchas cosas que se le antojaban durante su paseo, no podía ni tocarlas. Eso ha de ser frustrante, estar en una colorida tienda con muchos productos de atracción natural y no tener un sí de los papás a sus antojos. Ha de ser como ¡ir a Disneylandia sin boleto! Además del ejercicio de caminata intensa, ya era hora de cenar, cerca de las siete de la noche, y es muy probable que estuviera algo hambriento. A sus 36 meses de vida, estas condiciones son suficientes como para estar un poco molesto y lloroso. ¡Y además le iban a pegar!

Imagina al niño pensando: "Me traen a este lugar donde hay miles de cosas que se me antoja comer, tocar, empujar, saber cómo suenan... me traen caminando al paso de los adultos a lo largo de muchos pasillos interminables por más de media hora, tengo hambre y ya me duelen las piernas, mi mamá está enojada y no me hace caso a lo que le pido, me regaña a cada rato y además de todo esto ¡ahora me van a golpear! ¡Para mis 36 meses de estancia en la Tierra no me siento del todo bienvenido!"

Veamos más de cerca su situación y notemos que hay inconsciencia, desinterés o indiferencia a la lucha que él estaba librando. Su

espíritu anhelante tiene que aprender a renunciar a cosas que desea. Si bien esto es educativo, no por ello deja de ser frustrante: mucha caminata, hambre y prisas que no entendía le hacen protestar... Su situación es realmente de heroísmo por todo lo que tiene que solventar al mismo tiempo entre anhelos, frustraciones, hambre y cansancio, pero esta lucha interior muchas veces pasa inadvertida para el adulto, incluso en lo que respecta a su propia persona.

Porque a la mamá, quien usaba tacones y además de su hijo tenía que cuidar a la niña y gastar de más (por el comentario que hizo a la cajera), las presiones tal vez de venir de trabajar, de alguna posible situación hormonal y alguna frustración personal, la ponen exactamente en el mismo dilema del niño. Ella posiblemente no sepa que su situación espíritu-cuerpo la tienen en un nivel heroico tanto como a su hijo que desea lloriquear. ¿Por qué no admitirlo? ¿Por qué no verlo? ¡Ella también es una heroína!

Imagina que entonces la mamá, en lugar de usar las palabras amenazantes y las actitudes agresivas, le dice al pequeño: "Te entiendo, mi querido hijo, estás cansado y no se te compraron muchas cosas que pediste, a lo mejor también ya tienes hambre. Yo estoy igual, me duelen las piernas y mi tensión de comprar lo necesario y cuidarte a ti y a tu hermanita me tiene desesperada, qué chistoso. ¿Qué te parece si mejor lloramos los dos **pero de la risa!**, porque en unos minutos nos vamos a sentir mejor, ya lo verás... Sonríe, lo abraza y avanzan...

¡Suena a que Jesús vino y habló! Casi, casi...

Entendámonos mejor

Me pregunto ¿por qué no vemos más ejemplos de este desenlace feliz y sí de los otros? ¿Qué está fallando? Sin duda, uno de los elementos principales es el entendimiento; ni siquiera entendemos nuestro gran dilema de vida y tampoco que esto sucede a todos de múltiples maneras posibles.

Esta respuesta que imaginamos de la mamá, que por un lado suena extraordinaria y poco común, ¡debería ser lo normal! Lo extraordinario es que pasan los años y no cambiamos la calidad de lo que les decimos a nuestros hijos. Algo no funciona; parece que generación tras generación poco nos transformamos en el amor. A pesar de los estímulos vez más acelerados, no estudiamos ni entendemos el espíritu que en esencia se maneja en el amor y en el interior de nuestro cuerpo.

Cada vez que saltamos a la crítica destructiva y juicios despreciativos lo único que enseñamos es falta de visión de una realidad que nos pesa, nos limita y nos impide acercarnos. Es necesario impulsarnos unos a otros, estamos para eso y ésta es la tarea principal, la única batalla que sí se debe ganar y de la que dependen todas las demás.

Retomando el ejemplo del supermercado, desde hace más de treinta años escucho cómo se le dice a niños y niñas: "Te va a llevar el policía", "Si no vienes rápido te voy a dejar aquí", y muchos tipos de ofensas, algunas verdaderamente dolorosas.

¿Acaso no hay manera de evolucionar y pensar que dentro
treinta años eso ya no va a ocurrir? ¡Sí hay manera, si educamos
la palabra y la guiamos para alimentar el espíritu!

Tu espíritu, como el de cualquier otro, está hecho a la medida
del amor y el amor es todo, no hay más. Es la profesión en la
que conviene que todos nos graduemos, todo lo demás es se-
cundario, y pretender sustituirlo "comprando el amor" lleva a
la enfermedad y acorta la vida.

Mejor saludémonos todos los días…

Si yo fuera director de un colegio de niños o con hijos pequeños
(ya crecieron y se me fue esta oportunidad), en consenso con
los papás, redactaría un saludo para decir muy temprano todas
las mañanas o al despertar:

> "Buenos días, hoy me inclino ante ti [*ambos niños se inclinan*], re-
> conociendo lo maravilloso que es tu espíritu y que con él hoy voy
> a compartir el amor, oportunidad sagrada de la vida que pienso
> aprovechar para ti [*pausa*] y para mí" [*aplica a cualquier prójimo*].

Capítulo 2

Tú iluminas mi vida.
El poder sanador de las palabras

Diséñale el futuro a tu hijo por medio de la palabra.

JEKA

Un día, mi hijo de 18 años salió de mi cuarto después de una conversación que tuvimos. Al salir, sin más se me ocurrió decirle poniendo énfasis en las palabras: "Tú iluminas mi vida". Nunca le había dicho algo así, de esa manera tan directa y cálida; de hecho, tuve que poner de mi parte para ejercitarme en la expresión. Él recibió el mensaje y, aunque sólo dijo "Gracias", noté que se estremeció, y la alegría y sorpresa reflejadas en su rostro fueron descomunales.

A partir de ese momento dirigí mis reflexiones a cuán importante es comunicar a los hijos mensajes que toquen su espíritu, aún más allá de la simple frase "te quiero", que, si no se incorporan variantes a la expresión, insisto, llega a ser muchas veces sosa y aburrida, aunque diga la verdad. ¿Cuántos jóvenes o adolescentes reciben frases de este tipo de sus padres? ¿Cuántos en su niñez o durante toda su vida?

La psicología moderna recomienda elogiar el acierto de los hijos, para que con esta información ellos puedan repetir sus éxitos, seguirles la pista o aumentar su frecuencia. Como técnica de retroalimentación es excelente; sin embargo, aquí vamos más allá: no se trata sólo de un reconocimiento verbal. La propuesta es tocar profunda, humana y conmovedoramente el espíritu vibrante de cada uno de forma tal que se afiance, se reconozca y se sienta el aplomo del amor colosal que somos capaces de ofrecer.

Hay casos de mujeres y hombres que a los 48 o 50 años de edad aún buscan la aprobación de sus padres, la cual siempre se les dio a medias y nunca en plenitud... Esto habla no sólo de la irracionalidad de una postura, tal vez de los padres o de los propios hijos, sino también de que el espíritu lucha para sentirse en casa y el espíritu añora, quiere y está preparado únicamente para el amor incondicional; algo menos de eso no lo hace feliz. ¡Se trata de otra gran cualidad que tenemos como pivote para perfeccionarnos en el amor!

Empecé a explorar cuántas personas escucharon de su padre o madre algo sobre ellas que realmente les conmoviera y les hiciera estremecerse como a mi hijo. De mi encuesta aplicada a más de 200 adultos, una mínima parte reportó una frase o un pensamiento dirigido a su persona que los impactó y aún recuerdan. Si bien muchos comentan que percibieron el amor de sus padres a través de sus acciones directas o indirectas, no fueron "tocados" por sus palabras.

Una señora dijo con simpatía: "Yo he visto todo lo contrario, parece que los mensajes van en la línea de 'tú apagas mi vida' por los reclamos y las formas tan agresivas con las que a veces nos decimos las cosas, buscando sólo lo negativo y desesperándonos por lo que no nos gusta".

Al analizar los resultados pensé: "¿Acaso no todos los hijos del mundo merecen que alguna vez sus padres les digan 'tú iluminas mi vida' o frases equivalentes? ¿Y por qué alguna vez y no muchas, ¡miles de veces!? ¿Estamos perdiendo la gran oportunidad de enlazarnos como espíritus, de identificarnos y estimularnos en el amor y en la presencia de lo maravilloso que somos, de desarrollarnos como en esencia somos? Y aprovecharla ¿tiene algún efecto positivo? Sí, desde luego que sí, hay frases que sanan el alma y provocan que el cuerpo funcione lo mejor posible, así como hay otras que enferman".

En realidad, nada nos impide cambiar el cuadro y el marco de referencia. La apuesta del libro y de ustedes como papás es que si exploramos e invertimos en darnos alimentos para el alma, gozaremos más esa capacidad infinita de recrearnos en el amor, sin perder de vista nunca quiénes somos, sin dejar de contemplar como una bendición absoluta la oportunidad de compartir la vida con alguien. Tomemos ese amor como un gran regalo

que hay que agradecer y valorar. Ya no queremos padres –genérico de padres y madres– mudos, inexpresivos, que sólo aman indirectamente a través de sus actos (lo cual, por supuesto, es magnífico pero no basta).

Pugnamos también porque tú y quienes te rodean sean padres cálidos, expresivos, que contactan directo y sin escalas con la alegría profunda de "ser con el otro", que inundan a sus hijos de palabras que estimulan su espíritu, lo reconocen a profundidad y comparten la fiesta de vida compartida.

Esa fiesta no es poca cosa, es lo más abundante a lo que puedes aspirar, y así como sentimos el milagro de ver a un hijo nacer, podemos sentir el milagro continuo de abrazar su espíritu fenomenal, infinito y creado para la grandeza y evolución, y no me refiero sólo a las coordenadas tan limitativas que vivimos en esta estancia en la Tierra.

Yo inicié mi propia cruzada y con afán de compartirles, empecé a utilizar unas dos veces a la semana otras frases del mismo tono, que fueran ciertas y sentidas. Frases que pudieran ser reconocidas por el espíritu de mi hijo con el fin de fortalecer esa relación íntima. Me propuse decirle con cierta constancia cosas como:

- "Haces una gran diferencia en mi vida."

- "Eres mi príncipe" (a mi hijo) y "Eres mi princesa" (a mi hija).

- "Me entusiasma verte."

Más adelante veremos muchas frases que pienso que todo hijo o hija necesita escuchar de boca de sus padres, en esta proyección y sanación emocional. De ahora en adelante ya a ¡nadie! le harán falta ideas, sugerencias o vocabulario para tocar positivamente el alma de nuestros hijos. Ésta es la promesa del libro y el objetivo principal a lograr.

Formé un equipo de encuestadores que preguntaron a los jóvenes "¿Qué frases positivas te hubiera gustado escuchar de tus papás cuando se referían a ti y que no pronunciaron?". La lista de frases sugeridas viene con lo que a ellos le hubiera encantado escuchar.

Un caso personal

*Un reconocimiento sincero puede multiplicarse
en la familia por tres. Un bello reconocimiento
al espíritu de nuestros hijos se multiplica
infinitamente y para siempre.*

Jeka

Les cuento que tres años después de que le dije a mi hijo "Tú
iluminas mi vida", le pregunté sobre ese tema y por primera vez
hablamos de qué percibió. A la pregunta "¿Qué sentiste cuando
te dirigí esa frase?", respondió:

"Sentí un chasquido muy bonito y tengo fuertes recuerdos
de ello. Me sentí cobijado con amor. Con algo así te mue-
ven el tapete, te enriquecen el día, te comunican el amor
que te tienen, te enteras del cariño… Si los niños recibieran
eso se darían cuenta de cuán profundamente los aman…
Te hace sentir único."

A la pregunta "¿Cómo cambió tu vida –si es que así sucedió– con
esta frase y a partir de que empezaste a escuchar mensajes de este
tipo de mi parte?", contestó:

"Recibir ese amor te causa felicidad, tus acciones hacia la
persona que te lo dice y hacia otros se vuelven más cariñosas,
te dan ganas de moverte con el poder que te da el optimismo
en ese momento. Me hiciste sentir gozo y me di cuenta de
que las palabras pueden ser armas o agua bendita."

"El que hayas seguido diciéndome frases como ésta logró que lo creyera más y que quisiera expresar mis emociones y actos con este filtro. Me ayudó a entender que uno puede provocar esas sensaciones afectando a otros, una frase parecida todos los días cambia tu vida (yo no lo hacía todos los días, sino unas dos veces a la semana). Así, he apoyado más a mis amigos y a mi pareja."

"Todos nosotros deberíamos escuchar algún día de nuestros padres cosas como 'Yo estoy para ti siempre', 'Eres muy valioso', etcétera. Así terminas convencido de esas posturas y

ves que hay un rango infinito de posibilidades. Es un arma fuerte y cuando he multiplicado el mensaje, por ejemplo, con mi pareja o mis amigos, rompo sus expectativas, el agrado aumenta sin palabras, los amigos se apegan más, se unen… me dicen 'Tú sí me entiendes'."

Cabe aclarar que la situación con mi hija fue menos frecuente porque la veo mucho menos; sin embargo, los impactos son muy similares. Ella me comenta que le dice más frases bellas a sus amigas, por ejemplo.

¡Cómo no empecé a decirles estas frases antes, desde que eran niños! Eso es lo que no deseo que les ocurra a ustedes.

Mis comentarios

Con prudencia y paciencia esperé tres años para escuchar cualquier cosa que mi hijo me quisiera decir; sin embargo, con él y con mi hija encontré siempre reacciones preciosas y conmovedoras, más allá de lo común, lo que me ayudó a esperar lo que finalmente escuché y he observado en su comportamiento.

No quiero ser simplista y pensar que este "experimento de uno o dos casos" aplica exactamente igual para todos. No, ése no es precisamente el punto, sino la **poca frecuencia** con la que presenciamos la entrega de este tipo de mensajes, nutrimentos e interacciones emocionales en la vida común de las familias.

Olvidemos por ahora los efectos medidos científicamente y acordémonos de algo más básico y fundamental: estamos *juntos* en familia compartiendo una vida de significado y hacemos poco para que sea más gloriosa, ¿por qué? No importa, pero no tiene que ser así; con un movimiento de tus palabras, las frecuencias cambian y los estallidos de belleza y unión no se harán esperar. ¿Cuál es la misión de estar juntos?

Dije familias, pero… y ¿tus compañero de trabajo, amigos, novio, novia? ¿Quién te gusta para que quede exento de este tipo de experiencias tan fundamentales? Mientras exista un espíritu al lado tuyo, la posibilidad de nutrirse de amor y asombro es permanente.

Recuerdo la felicidad que sentía el empleado de una empresa a quien, aunque no terminó la carrera, se le reconocía su gran talento y se le llamaba "ingeniero". Su satisfacción y motivación eran —dicho por él mismo— algo realmente "especial".

No hay manera, la flecha apunta para todos y en todos los niveles, en todos los días del paso por la Tierra. El meteorito del amor acaba de caer para hacer vibrar a todo el mundo en nuevas frecuencias. Una vez suelto nada ni nadie lo podrá detener, ¡de mí te acordarás! La cruzada dice "Un meteorito de amor para cada familia", el mundo empieza a vibrar. La creatividad en el amor requiere insumos de aliento y estímulo para que florezca, y nos podemos dar todos las condiciones para ello.

Capítulo 3

Tus palabras sanadoras y la calidad humana. Amar con hechos y dichos

*Sanas, alivias y enciendes lo mejor de tus hijos
cuando pronuncias e inspiras palabras bellas.*

JEKA

La palabra sanadora efectiva tiene un contexto

La palabra puede ser hueca si no está respaldada por auténticas intenciones comprometidas y de convencimiento. No queremos que eso suceda, no dejemos de lado la sinceridad; por el contrario, utilicemos un enfoque individual profundo, amoroso y congruente, con lo que cada letra adquirirá cada vez más peso.

Nuestros hijos captan con agudeza la congruencia, las reglas de la casa que se aplican, la lucha de sus padres por crecer también como personas, el grado de compromiso con la mejora de las situaciones, la autenticidad con que vivimos, y la palabra debe estar respaldada por vivencias que apuntan a lo mismo. No se trata de un estado de "perfecta congruencia" –esto no es posible–, pero sí de un ambiente en el que se generen acciones con una clara misión de amor.

La calidad humana nos guía para que con hechos podamos respaldar la palabra. Preguntas recomendables para que los padres de familia nos planteemos constantemente son:

Lo que le digo a mi hijo(a) y cómo se lo digo

- ¿Es bueno para su salud?

- ¿Conviene a su felicidad?

- ¿Promueve el desarrollo de su potencial o talentos?

Lo que hago al interactuar con mi hijo(a)

- ¿Es bueno para su salud?

- ¿Conviene a su felicidad?

- ¿Promueve el desarrollo de su potencial o talentos?

Si sospechas que tu expresión no lo beneficiaría en cualquiera de estos sentidos, es preferible que cierres la boca, *¡no lo digas!* Modifica anticipándote y usa una buena frase a cambio de la que ibas a soltar. Recuerdo a una abuelita a quien le encantaba contar historias de terror a sus nietos, ¡algunos viven para contarlo!

Detenerte a tiempo vale la pena, te ahorrarás muchas consecuencias que inadvertidamente pueden convertirse en obstáculos. Siendo sinceros, es importante que muchos papás aprendamos a hablar (por decirlo así), y lo digo por mí y por muchos otros. Creo que la inmensa mayoría caería en esta necesidad, que a la vez se convierte en una gran área de oportunidad y gratificaciones que los papás apenas estamos explorando.

El amor y la relación con nuestros hijos pueden ser mucho más satisfactorios de lo que pensamos. En siglos de experiencia apenas estamos tocando la "punta del iceberg" de lo que los espíritus juntos nos podemos dar, ¡increíble tesoro todavía virgen! Ya no más repetir automáticamente lo que nos dijeron de niños,

que fue adverso e irreflexivo. Desarrollemos una nueva cultura de mensajes edificantes y positivos, ya no más "te va a llevar el policía". No más generaciones perdidas.

Este cambio requiere práctica y atención, revisión y mucho amor, pero es la gran oportunidad de tu vida para convivir con sus espíritus bellos. Y como la vida transcurre muy rápido, vale la pena "aprobar esta materia" y no destruir al convivir con ellos.

Los espíritus juntos por el milagro del amor tendrán como tareas principales embellecerse, admirarse, descubrirse, tocarse, estimularse, agradecerse, apoyarse, embelesarse, y vivir la aventura feliz de compartir el pan y la sal, siempre manifestando el milagro del amor en el dar y recibir. Para eso la firma que abona y engancha a los espíritus es la palabra bella.

Hay papás o mamás que creen que "para hacer reaccionar a sus hijos" tienen que decirles todo tipo de improperios, comparaciones o amenazas y predicciones de lo mal que les va a ir, profecías negativas y sentencias absolutistas ("tú nunca", "todo", "nada", "siempre"). No creo que lo hagan con mala fe, pero si se detuvieran a ver los resultados reales de tales enfoques, se percatarían de que, más que "curar" como pretenden, causan angustia, bloqueo, desánimo y desesperación, por no hablar de resentimientos y desintegración.

No hay experimentos "por la mala" que funcionen, ese camino está ampliamente reprobado por la experiencia e investigación. La alternativa bien encaminada es explorar el camino del amor y demostrar con hechos y palabras nuestra "pasión y devoción por el bienestar del otro".

Las palabras bellas que propondremos más adelante, no sólo es recomendable que formen parte del enfoque de convencimiento de los papás, sino que se respalden con vivencias. Y no son sólo letras, sino creencias y visiones que incluso los papás pueden decirse a ellos mismos, elevando su autoestima y optimismo personales.

Las reglas de la casa y la disciplina

Puedes decirle a tu hijo(a): "Te quiero y siempre te querré, y, por lo mismo, cuando lo considere necesario, te corregiré".

JEKA

Las palabras no sustituyen las reglas de disciplina. Si las reglas son deficientes, no hay vocabulario que pueda salvarte de las consecuencias que van en detrimento de la formación de tus hijos; eso es aparte y tiene que alinearse a las palabras bellas que proponemos. De otra manera, pueden hacerse huecas y los conflictos frecuentes invitarán a que digamos cosas que se vuelven agresivas y destructivas.

La palabra es parte de un contexto que debe ir en armonía con el respeto, el cumplimiento de los deberes y obligaciones en casa, así como las reglas que en otros libros hemos recomendado y ofrecido con técnicas de aplicación. No es motivo de este libro repetirlas, pero sí recordar que deben tomarse en cuenta junto con el enfoque de las expresiones verbales.

Conviene que en casa pueda corregirse, prevenir e incluso manifestar enojo por una acción indebida y aplicar consecuencias o sanciones por infringir el respeto y las reglas de orden con toda libertad. Estas acciones de disciplina no entran en conflicto con la palabra bella, ni eliminan los efectos de una u otra. Papá o mamá, no creas que ahora está prohibido hacer cualquier corrección o indicación de lo que veas inconveniente, ¡nada más lejos de la realidad!

No buscamos la aprobación incondicional de nuestros hijos a costa de que hagan lo que quieren. Podrán molestarse con nosotros, está bien, no pasa nada.

En el próximo capítulo veremos fórmulas para corregir "bellamente", porque corregir no implica que lleguemos a la ofensa, al golpe o a la degradación de la individualidad de nuestros hijos, eso ya es otro cantar. La confusión se resolverá en las próximas páginas.

Además de la sinceridad y autenticidad de la expresión, es importante considerar los mensajes verbales y no verbales que transmitimos. Sugiero que cuando tengas lista una expresión, la comuniques con entereza, calidez, convencimiento y, si es aplicable, la acompañes con un abrazo o expresión física de afecto.

Capítulo 4

Errores con las palabras
que hay que evitar a toda costa

*Si a un violín Stradivarius lo cuidarías como oro
molido, recuerda que no es nada comparado
con la fineza del espíritu de tus hijos.*

JEKA

¿Cómo corregir "bellamente"?

A mi manera de ver, hay cinco enfoques básicos de sabiduría que justifican el porqué es relevante que las palabras bellas tengan un amplio dominio sobre los improperios y ofensas. Muchas batallas se pierden cuando corregimos a los hijos soezmente, sin revisar primero el peso de veracidad en lo que decimos. Necesitamos aprender a corregir y construir *al mismo tiempo*, y para ello, es clave conocer estas cinco maneras de ponerte los lentes de educador eficiente, como ahora explico.

1. **La sabiduría de ofrecer disculpas a los hijos**
   Aunque ya hemos analizado estos errores en diferentes pu-

blicaciones, no está de más repasar con rapidez las palabras que no debes utilizar con tus hijos. Si llegas a hacerlo (lo cual ocurre a todos con mayor o menor frecuencia), ofrece una disculpa y realiza el compromiso verbal con tu hija(o) de intentar genuinamente no volver a decirlo.

Todavía mejor es, en cambio, utilizar una versión que sí conviene expresar. Incluso puedes revisar con él o ella si recibir esa nueva versión le ayuda realmente o qué puede sugerir. Esta última medida depende de la edad, podría utilizarse con niños de seis años en adelante.

¡Carambola de tres bandas! (ventajas de hacerlo así)

Cuando ofreces una disculpa y te comprometes a hacer algo diferente, te estás responsabilizando y esto es un recordatorio muy fuerte para el cambio a favor. Además, tu hijo(a) capta tu intención amorosa y aprende a corregir errores al verte a ti. Este contrato verbal, al cumplirse, adquiere una firme congruencia e imprime una confiabilidad alta a la relación, lo que aumenta el espíritu de unión.

Si fuera un problema repetitivo que la madre o el padre tiene muy arraigado en sus hábitos, el mensaje para los hijos al hacer lo que recomendamos es edificante y positivo, y dejará huella en su memoria de "cómo luchaban" sus padres esforzándose para superarse. Por tanto, todo es ganancia.

Cuando eres persistente en buscar el amor, el camino erróneo no importa y siempre tendrás mejores resultados, que abandonarte y dejarte llevar por las corrientes del conflicto. Ser testigos de conflictos repetitivos y sin búsqueda de solución daña más a los hijos que la existencia de los mismos como tales.

Ejemplo

El papá se enoja fácilmente y tiene la costumbre de lanzar improperios y groserías ante cualquier falla de sus hijos. Está consciente de que eso le trae malos resultados y nota que sus hijos se consternan con sus reacciones.

Un día el padre encontró muy desordenado y sucio el cuarto de su hijo, contrario a las normas de la casa. Le dijo al pequeño (de diez años):

"¡Otra vez lo mismo contigo, nunca aprendes, no te soporto y conmigo no juegas [en tono amenazante], ¿qué es lo que no entiendes?!"

Y lo empujó sobre la cama… ahí se detuvo y el hijo lloró.

Minutos después se disculpó:

"Querido hijo, no me gusta enojarme contigo ni hablarte así, tan despreciativamente. Disculpa la manera de corregirte, no es la mejor. Podemos llegar a un acuerdo. No vuelvo a decirte las cosas así, eso de 'No te soporto' tú sabes que

> no es cierto, si eres algo tan especial para mí... Ahora bien, tenemos que llegar a un acuerdo sobre tu cumplimiento en el orden. ¿Qué te parece si presento mis quejas como una petición de lo que quiero y tú te comprometes a actuar de inmediato? O dime tú, ¿cómo quieres que te lo diga? ¿Qué regla crees que deben existir?, porque el cumplimiento y el resultado tienen que darse, sobre eso no hay duda, y este tipo de conflictos debe ser el mínimo o llegar a cero, ¿qué opinas?"

Como en este ejemplo, después de la disculpa la conversación puede continuar y llegarse a acuerdos y reglas que se cumplan, hablarnos bien no implica que renunciemos a los resultados o perdamos la disciplina.

2. La sabiduría de la "nueva oportunidad"

La actitud condenatoria de los papás puede ser muy severa al grado de que se sostiene repasando lo "despreciables" que son sus hijos por las acciones que les disgustan o hasta repudian. Eso los lleva cargarse de furia con el tiempo y proceder a ignorar durante días todo lo que hace su hijo, cerrando la posibilidad de reavivar la fuente de amor. Este camino es inadecuado y los resultados son perniciosos y posiblemente graves.

Con caras largas y rechazo permanentes, la alegría sale por la puerta principal, dando entrada, a cambio, a los vientos corrosivos del pesimismo.

No ignores a tu hijo(a), atiende selectivamente sus fortalezas y contribuye a fortalecer sus debilidades.

¡Carambola de tres bandas!
(ventajas de hacerlo así)

Cuando tus sanciones no son absolutas y de todo o nada, enseñas y aprendes algo muy importante sobre la vida, la oportunidad de disfrutar miles de pequeños éxitos de tus hijos. Así dejas el clima asfixiante de sanciones que son en verdad desproporcionadas. Cargarte con el tiempo de repasos sobre "lo malo" que son tus hijos, te pone en una sintonía ideal para la agresión y la violencia.

Las sanciones deben existir, son clave para la formación de tus hijos, pero de ninguna manera necesitan incluir ofensas,

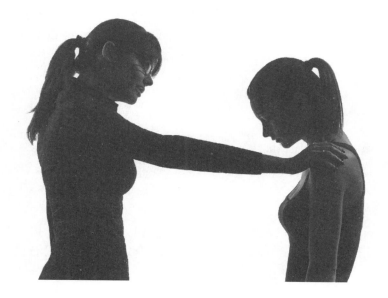

golpes o conllevar para tus hijos una imagen que implique que son desastrosos o despreciables. Cuando evitas actuar así, tú, como adulto, vives más ligero y optimista, obtienes mejores resultados, das y recibes más satisfacciones, y logras que tu vida y la de ellos sean mejores y más justas.

Puede entenderse tu enojo y el tiempo de asimilación que requieres para alejar tu atención del enfoque negativo, pero no la ignorancia como técnica de castigo permanente, la cual suprime toda posibilidad de enderezar caminos. Una técnica como ésta simplemente no funciona y sí hace pensar a tus hijos que son muy inadecuados.

Ignora la acción, no a tu hijo(a). Sanciona la acción, no denigres la persona de tu hijo(a). Abre la puerta a la renovada alegría de vivir. Si has ignorado, ofrece una disculpa por ello, a la manera del caso anterior, y disponte a plantear, junto con él o ella, una nueva propuesta más constructiva que impida estar rumiando el rencor.

Ejemplo

Cuando te enteras de que Ana, tu hija mayor, se ha aprovechado de su hermana menor, Alicia, quitándole algunas de sus prendas de vestir favoritas con el afán de mortificarla, tú te enfureces y dices:

"No estoy de acuerdo en que le hagas eso a Alicia. Puedo comprender que tal vez en el fondo lo que quieres es jugar, pero lo haces con enojo y es notoria la mala voluntad. Les he pedido que se lleven bien y no se peleen, y esta vez veo claro tu abuso. Hoy no habrá televisión ni computadora. Me encantaría que más tarde me des alguna solución a este tipo de problemas. Si llegamos a un acuerdo, mañana se elimina la sanción. Tienes muchas cualidades y haces muchas cosas bien, pero en este tipo de situaciones puedes aprender algo mejor"…

La oportunidad está en levantar la sanción a cambio de una actitud en la que se reasuma el camino amoroso, con lo cual la corrección y la nueva conducta causarán mucha alegría y se romperá el "maleficio" de la ignorancia total. Todos estarán atentos a la nueva acción que resulta ser positiva y regocijante. Ésta es la manera de ganar…

Es fundamental que no haya sanción sin la oportunidad de renovarse en el futuro inmediato. Decirse: "No ignoro a mis hijos; por el contrario, toda mi atención estará puesta en su disposición al cambio positivo para reconocerlo y premiarlo. Si hay sanciones, hay reconocimientos y aplausos cuando los resultados son benéficos en el amor".

3. La sabiduría del entendimiento

Si se desea aplicar el amor con hechos y ejercer la calidad humana, es de suma importancia que el entendimiento en la familia sea la piedra angular. El entendimiento requiere educación formal, porque desde niños la tendencia natural es ver sólo nuestro "enfoque" y ponernos en los zapatos del otro es un segundo paso que exige apertura mental, conciencia de la realidad y un análisis a veces muy concienzudo de cómo y por qué se suscitan los problemas.

Todavía escuchamos a muchos padres de familia juzgar a los niños como si fueran adultos, criticando comportamientos basados en el conocimiento y la experiencia que ellos tienen, que en absoluto son los del niño(a). A veces rayan en la incomprensión total y en acusaciones por demás simplistas.

"Sí, te entiendo" debe ser una frase tan frecuente e importante para decirla a los hijos como "Te amo". Una joven de 32 años me confesó: "Cómo me hubiera gustado escuchar de mis papás algunas veces un 'Sí, te entiendo'... con eso tendría suficiente para sentirme mejor".

Los papás podemos ampliar esta frase con otra que ayuda bastante a recordar el ponernos en los zapatos de ellos: "A tu edad yo también ", y admitir abiertamente que cometimos muchos de los errores que ellos cometen, o sufrimos las incertidumbres que ellos tienen, etcétera. A veces se nos olvida con alarmante facilidad que fuimos niños y jóvenes.

Conviene admitir abiertamente las limitaciones o trabas que sufrimos que es muy probable que hayan sido similares, sin ponernos necesariamente como modelos a seguir ya que ellos podrán con nuestra ayuda encontrar sus propias respuestas apropiadas a la época que viven. Pontificar con un "Yo a tu edad, ya hacía esto o aquello" –poniéndonos como ejemplo que se debe seguir– constituye otra falta de entendimiento de la diferencia entre el antes y el ahora, que en la mayoría de los casos no funciona y crea distancias.

¡Carambola de tres bandas!
(ventajas de hacerlo así)

Cuando usas el entendimiento con sinceridad pones en práctica un proceso de pensamiento e inteligencia que te coloca más cerca de cualquier solución. Esto es educativo para ti, porque la experiencia te enriquece; además, tus hijos tenderán a aplicar el mismo modelo a sus problemas, dirigiendo las flechas para que brinden salud inmediata, la comprensión de sí mismos y el análisis objetivo de las acciones de los demás.

Hace siglos, si alguien actuaba de manera extraña, su actitud se explicaba achacándole que estaba embrujado y se le condenaba a la hoguera. Ahora, por el entendimiento más amplio, va al hospital.

Tu hijo merece todos tus esfuerzos para que con capacidad analítica definas sus problemas evitando conceptos simplistas. La ganancia es la cercanía a su solución efectiva. Negarlos, rechazarlos o pretender suprimirlos no es la respuesta, sólo la encontrarás creciendo a través de ellos y utilizando el recurso clave: la comprensión.

Cabe aclarar que entender no es estar de acuerdo, no es evitar sanciones, no es poner en riesgo derechos importantes de los demás; más bien, es definir el problema en la mesa de las variables que le afectan y poner remedios inteligentes.

Ejemplo

Patita, de dos años y medio, era el centro de atención de su familia, hasta que llegó su hermanita Flora. Ahora, cada vez que se acerca a su hermana, Patita le grita, la asusta o la jala bruscamente. Su mamá le dice:

"Patita, no le hagas así a tu hermana. Entiendo que no has tenido mucho tiempo para jugar conmigo como antes, vamos a jugar más, pero es muy delicado cuidar a tu hermana, mira, acércate a ella así " [le enseña cómo, dentro del margen de

seguridad]. La niña lo hace y la mamá la felicita, y advierte: "No voy a permitir que jalonees a tu hermana o le grites al oído; si lo haces, te sentarás en esa sillita (tres minutos) a reflexionar sobre cómo debes tratarla. Si me ayudas a cuidarla como te iré diciendo, jugaremos y te leeré un cuento, incluso si quieres con tu hermana también, como tú desees."

¿Cómo es posible que padres jóvenes sigan golpeando a sus hijos porque lloran mucho o se indisponen? Pues así sucede y me pregunto ¿dónde está el sistema educativo que tuvo a estos nuevos papás durante años en la escuela y nunca les enseñó a "entender" bajo todas sus formas? Aquí tenemos que ponernos de acuerdo y señalar que lo humano debe formar parte del conocimiento tanto o más que otras materias consideradas importantes.

El entendimiento va de la mano del equilibrio y el amor; juntos nos hacen más sabios y efectivos, ése es el resultado del ejercicio de la calidad humana.

La fórmula funciona así:

Papá o mamá condena = hijo(a) se autocondena + condena a los demás

Mamá o papá entiende = hija(o) se autocomprende + entiende a los demás

4. **La sabiduría del error específico**
Imagina que cada acción específica de tu hijo es una "bola de billar" y la mesa está llena de ellas. Obviamente, no vas a pensar que dado que una bola no funcionó, todas las demás están automáticamente contaminadas y tampoco funcionarán. Lo mismo sucede con la conducta.

Sin embargo, el ejemplo no aplica a la perfección porque la persona está conectada e integrada, por lo que es fácil pensar en una generalización, es decir, que una acción es "síntoma de su alma"… Hablamos de un dilema crucial, ya que sus opciones son resaltar el error como aviso de un mal general o tomar la falla para *rescatar* el espíritu de sus hijos que los impulsa a luchar sin generalizar ni darse por vencidos en la contaminación.

Por ejemplo, una acción como no hacer la tarea a tiempo y con calidad puede reflejar un espíritu "irresponsable". No obstante, al destacarlo de esta manera a nuestro hijo(a) lo que conseguimos es clavar una amenaza en su corazón y una profecía de que las cosas son y serán "así". Si compra la idea de que ése es su estado general interior, él o ella puede tender al desánimo y el desamparo.

La sabiduría de los papás requiere que constantemente rescatemos a nuestro hijo(a) del espíritu negativo y la amenaza de la contaminación extendida, viendo una y otra vez las oportunidades de contradecirlo para que logre avanzar y no se dé por vencido.

La alegoría de las "bolas de billar" implica muchos actos responsables, de modo que, en lugar de usar una "etiqueta negativa" que diga "así es y así es siempre", orientémonos a corregir la acción indeseable y, a partir de ahí, generalicemos un espíritu positivo. Ésa es la mejor opción que tenemos como educadores.

Siguiendo el ejemplo de la tarea, está claro que no cumplió, pero ¿qué tal cumple en lo que le interesa? ¿Acaso no es puntual y exacto cuando va a jugar en la computadora? Tal vez es el mejor para eso; entonces, no tenemos más que una actividad que realmente motiva y una que no lo hace. ¿Quiere decir esto que es responsable para lo que le gusta e

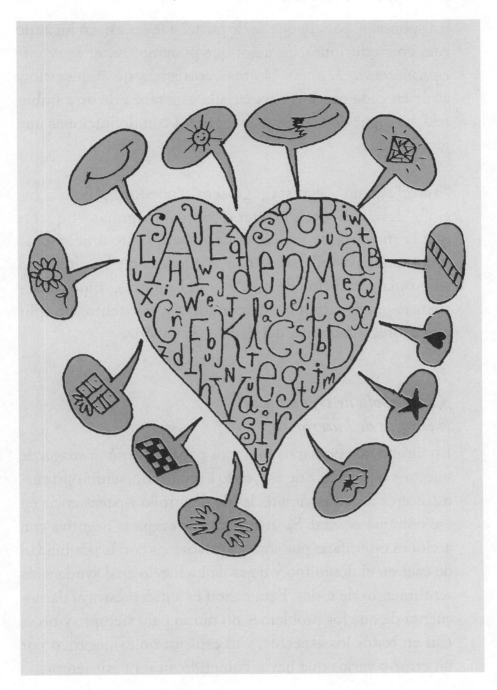

irresponsable para lo que no le gusta? De ser así, en lugar de caer en confusiones, lo mejor que podemos hacer es *definir específicamente la acción*, sin más, corregirla, no etiquetarlo y abrir en cada ocasión necesaria la esperanza de un cambio real, en lugar de contaminar espíritus con definiciones que globalizan.

"Terco", "malo", "egoísta", "grosero", "miedoso", "flojo", "sucio", "desobediente", etcétera, son sólo algunas etiquetas que la mayoría de los niños escuchan y que únicamente siembran la posibilidad de que se quede con ellas alterando su propia percepción de que "así es". Entonces, como consecuencia puede adoptar una conducta y, por tanto, cumplir una profecía negativa del diseño de su vida.

¡Carambola de tres bandas!
(ventajas de hacerlo así)

Lo último que podemos hacer los papás es *desilusionarnos* de nuestros hijos. Nada de eso; todo lo contrario, sentir optimismo acerca de sus posibilidades de desarrollo y persistencia en ese enfoque es vital. Si sustituimos la etiqueta negativa con acciones específicas por corregir, acabamos con la posibilidad de caer en el desánimo y dejar de luchar, lo cual ayuda a los sentimientos de todos. Esta acción es antidepresiva al darnos cuenta de que los problemas no duran para siempre y no se dan en todos los aspectos, y tu espíritu no es negativo por un error o varios que hayas cometido, ni será así siempre.

En cada familia conviene que seamos una catapulta de motivación y la manera de corregir es fundamental, porque aquí damos el enfoque mismo a la vida. Cuando éste es de esperanza, aliento, lucha e impulso para levantarse de cada caída, lo que se genera es una verdadera florería con cimientos bien plantados. Sin duda, todos ganan.

Ejemplo

Jaime, de cinco años, no quiere prestar sus juguetes a los invitados a su casa. Su mamá tiene dos opciones: una, generalizar esa "bola de billar" y contaminar todas las demás, lo que la lleva a regañarlo y decirle: "Eres un egoísta".

La otra opción, la de la sabiduría del "error específico", suponiendo que esta acción fuera equivocada (porque hay visitas que no merecen que les presten los juguetes), es señalar la acción.

> "Mi hijo, ahora que vinieron tus primos y no les prestaste tus juguetes [véase la acción aquí muy bien definida], lo que ocurrió es que se aburrieron todos. Cuando tú vas a su casa ellos sí te prestan lo que tú quieres. Para la siguiente visita podemos prevenir y elegir qué juguetes estás dispuesto a prestar con gusto, así todos disfrutarán más [suponiendo que la única opción son los juguetes porque pueden hacer muchas cosas más]."

Como podrás ver, el "egoísmo" de su supuesto espíritu está de sobra, no sirve más que para distorsionar y darle un tono maléfico y un tanto perverso a la acción de Jaime. Pero, en realidad, los padres de Jaime saben que en muchas condiciones éste comparte cosas con sus amigos y con otras personas, por lo que no puede ser "egoísta" y al mismo tiempo no serlo.

Si vas a generalizar respecto a alguna acción de tu hijo, procura que sea positiva, por ejemplo, "¡Tú puedes!", "¡Tú resuelves!", "¡Tú sabes!", pero aclarando que, dada la condición humana, tampoco eso tiene que ser y no puede ser siempre y en todo.

Eso sí, de preferencia:

Etiquetas negativas = ¡0!

Si etiquetas negativamente a tu hijo(a), también cabe ofrecerle una disculpa. Hacer esto es muy educativo para padres e hijos.

Ejemplo

"Mi hijo, te dije que eras un [la etiqueta negativa que quieras]. Esto lo dije enojado(a) y me disculpo, no quiero dar a entender que eres así y genuinamente intentaré no ponerte colgajos o hacer definiciones negativas de tu persona porque no son verdad. Tienes excelentes cualidades y me voy a concentrar sólo en las acciones específicas que hay que corregir o que provocan que el ambiente de la casa se vuelva incómodo."

vs

Tu hijo(a) está con amigos adolescentes y hacen mucho ruido y escuchan música a altas horas de la noche. Le dices: "Me tienes harto(a), eres un desconsiderado y nadie te importa. Los vecinos tienen derecho a dormir, ¡¿cómo puedes ser tan insensible?!"

El espíritu está para renovarse constantemente y abrir cauce a soluciones, no para pintarse todo de negro, en la desesperanza y desilusión totales.

5. La sabiduría de la "huella personal"

Algo que conviene que todos los padres tengan muy claro es que la inteligencia de cada uno de sus hijos es múltiple, *única* y, por tanto, incomparable. Hay muchas cosas que tu hijo(a), de manera individual, puede hacer mejor que nadie, tiene ese potencial y talento. Decir que su hermano o hermana hace algo que él (ella) no hace o "debería" hacer, atropella esta realidad y desvía el objetivo de la educación (que implica ingeniarnos para entender y solucionar el desarrollo del talento de *cada* uno de nuestros hijos o hijas); además, incorpora emociones contrastantes, confusas y aun innecesariamente dolorosas.

Puede perderse el camino si el niño o joven intenta imitar y deja de buscar su "toque personal". La competencia siempre será con ellos mismos, sin comparaciones.

Por otro lado, los padres podemos sentirnos perplejos ante el talento de nuestros hijos que no habíamos considerado, por lo que no hay que adelantarnos clasificándolos o imponiéndoles una sola manera de actuar. Los expertos en el estudio del cerebro humano descubren cada día más indicadores de lo poco que lo usamos en términos de su potencial en todos los conocimientos posibles: matemático, artístico, social, espiritual, creativo, musical, entre otros. Las tareas principales por ejercitar son guiarnos por la profecía de la esperanza y emprender la búsqueda de cimientos para la buena expectativa.

¡Carambola de tres bandas! (ventajas de hacerlo así)

Al visualizar el talento y potencial que tenemos en cualquier edad, todos en la familia podemos disponernos a intentar desarrollarlos, rompiendo modelos y estructuras arcaicos; por ejemplo, "ya a mi edad no puedo…", cuando muchas veces esto ni siquiera está realmente sustentado. Tú puedes

estudiar y hacer una maestría o doctorado a cualquier edad –hay casos que así lo demuestran–, al igual que practicar ejercicio y tener un cuerpo firme o aprender destrezas y habilidades multidimensionales que nunca imaginaste en las que te puedes mostrar capaz y eficiente.

Esta actitud opera para toda la familia y es el ejemplo ideal, respetando el cauce individual que cada uno le otorga y estimulando los diversos ritmos y desempeños, diferencias y avances propios de conciencia de cada uno, sin atropello. La sabiduría de la huella personal puede impulsarnos a aprender, descubrir e investigar con entusiasmo el mundo que les rodea. Todos a vibrar desarrollando nuestro potencial, desafiándolo.

Otra ventaja es que individualizamos la atención en cada uno de nuestros hijos, dando así a cada uno lo necesario. Cuando los corregimos y, de preferencia, también cuando los elogiamos, hay que hacerlo de manera individual. No me hables bien de ellos, *dile* a cada uno en lo personal lo que los amas.

Suprime las comparaciones y las competencias entre ellos y no caigas en la tentación de aprovechar la necesidad de aprobación que tienen haciéndolos "ganar votos" con base en parecerse unos a otros para ser queridos. Es un juego estéril y peligroso.

Ejemplo

Ana, una pequeña de cinco años, continuamente se distingue por su gracia social. Todos comentan sobre su capacidad de ser y hacerse agradable. Su hermano, quien escucha los comentarios familiares, se distingue porque tiene un gran sentido del humor. La mamá está atenta a eso y le dice:

"Carlos, tú puedes escuchar que alabamos mucho la gracia de tu hermana. Quiero decirte que, por otro lado, tú tienes un sentido del humor muy fino y agradable que disfruto mucho y los demás también…"

vs

"Deberías aprender a ganarte a la gente como lo hace tu hermanita."

Ejemplo (bis)

"Tú necesitas lavarte los dientes después de comer y no lo haces [no mezclar si otros hermanos lo hacen o no, o cuán bien lo hacen], preparemos un plan para que conserves ese importante hábito."

Capítulo 5

Frases sanadoras poderosas: ¿cómo expresarlas?, ¿cómo elaborarlas?

Para que el espíritu se sienta en casa necesitamos
iluminarlo y llenarlo de los colores del amor.
Con la palabra los espíritus se tocan y se reconocen.

JEKA

Una vez definida la línea de la tarea, ¿cómo podemos los padres estructurar frases sanadoras para nuestros hijos que iluminen su espíritu y le hagan sentir que su casa es el cielo, aunque estemos aquí en la Tierra?

Consejos básicos

a. Procura que tu frase sea sentida, franca, abierta, plena, enfática, que proyecte convencimiento.

b. Hazla personalizada: no me hables de él o ella, díselo directamente y, de preferencia, en forma individualizada, privada, no tienen que escuchar los demás.

c. Establece buen contacto visual con orientación a la persona, utiliza buenos tonos y modulación que sean congruentes con el mensaje (puedes incluso ensayar antes mirándote al espejo o visualizarte haciéndolo correctamente). Esto es importante porque no son regalos que se den en cada momento y la forma es de alguna manera una especie de "envoltura" del regalo, que se suma al impacto total.

d. No caigas en el error de decirla en cada momento. De la lista de frases que sugerimos más adelante puedes elegir emplear no más de tres a la semana para no saturar al receptor. Una vez dichas, no las repitas por un buen tiempo, digamos dos o tres meses, si es que fuera necesario, porque el mensaje bien dado queda para siempre y no tienes que repasarlo, eso puede hacer que pierda peso específico e influencia.

e. Haz la frase tuya, natural, y sin usar palabras que tu hijo(a) desconozca o nunca haya escuchado. No le digas: "Eres el portal de mi vida en la lucha entramada por existir", salvo que te asegures de que entiende cada palabra de lo que le expresas. Más vale que tus palabras sean sencillas y contundentes, que rebuscadas sin entender, eso alejará más que acercar.

f. Realiza tu guía de tres frases a la semana y busca el momento oportuno de decirlas, haciendo contacto directo y significativo, sin distracciones. Te llevará un segundo, pero no debe haber espacios para nada más, ni interferencias externas (ruido, prisa, gente, etcétera) o internas (agotamiento, sueño, estrés, preocupación, cargas de trabajo, etcétera).

g. No hay edades para empezar ni para terminar de hacerlo. Disfruta estos regalos del espíritu amoroso, son invaluables e infinitamente benéficos para quien los recibe y quien los da. Con el paso del tiempo verás que la captura de momentos bellos y el gozo de los seres queridos aumenta gradualmente, sin que haya final…

h. La lista que sugerimos de ninguna manera es un traje forzado ni agota las posibilidades; simplemente son sugerencias sobre las vivencias que se han tenido y el resultado de estudios de campo con muchas personas que nos guiaron sobre lo que les hubiera gustado escuchar de sus papás y que nunca recibieron o que vivieron con mucha escasez. Esto es precisamente lo que ya no queremos que ocurra, es esencial que los padres modernos lo seamos de la *abundancia* en el ánimo de alimentar mutuamente nuestras almas.

i. Nunca añadas un pero, lo que falta, lo que no se hace, lo que debería ser y no ocurre; positivo es positivo y punto. En otro momento podrás abordar asuntos pendientes de superación. Por ello sugerimos que primero escribas la frase y depures el contenido hasta que quede preciosa y de impacto, sin "ruido" que implique dudas o medias entregas. Por ejemplo, "¡Tú iluminas mi vida!" y no "Tú iluminas mi vida a veces porque otras veces me…"

Capítulo 6

Tu armario lleno de vitaminas emocionales para tus hijos

¿Cuánta ropa para vestir el alma de tus hijos
puedes coleccionar en tu armario?

JEKA

En este capítulo te sugeriremos un buen número de frases. Toma de aquí lo que te guste o guíate para hacer las propias, no importa. Tal vez necesites "adaptarlas", eso está muy bien, lo que interesa es que las hagas tuyas y tengan el sentido poderoso que les quieras dar. Una vez que elijas tus primeras tres frases para la semana y para cada uno de tus hijos(as), estarás listo para las siguientes. En el próximo capítulo te facilitaremos una "agenda para colorear el espíritu de tu hijo(a)" que puedes llevar con el paso del tiempo. Tampoco tienen que ser tres, nuestros hijos quisieran muchas en general, la regla de oro es no hagas más (1, 2, 3… 7… etcétera) de lo que te haga sentirte confortable, eso ayudará más que seguir reglas rígidas y fijas.

Las frases sugeridas son tomadas de la investigación realizada con muchas personas a quienes les preguntamos qué era lo que siempre hubieran querido escuchar de sus papás y que nunca escucharon. El objetivo era detectar lo que más necesita oír un hijo o hija y también lo que pensamos que llenaría estos espacios desde varios enfoques.

Por supuesto, esto no puede agotarse o limitarse, es apenas un comienzo y siempre lo será, pero así lo haremos con el "pie derecho".

Los niños, niñas y jóvenes de siete a 18 años de edad se refirieron básicamente a dos tipos de temas que quieren escuchar más de sus papás: por un lado, esas frases íntimas y afectivas, de reconocimiento, plena aceptación y cariño, y por otro lado, *también* afirman que les gustaría escuchar de ellos más consejos o guías, más mensajes de si van en el camino correcto o incorrecto. Incluso, algunos sienten o lamentan no haber sido bien aconsejados a tiempo.

Nuestros hijos quieren de nosotros:

a. Frases en las que les dejemos ver sin duda alguna que estamos plenamente orgullosos de ellos.

b. Amor incondicional, duradero y eterno.

c. Apoyo permanente.

d. Reconocimiento al esfuerzo y trabajo.

e. Reconocimiento a la inteligencia única y la individualidad preciosa: "Eres lo mejor que me pudo haber pasado", "Eres único en el universo", etcétera.

f. Frases de aceptación incondicional y amor en las buenas y en las malas.

g. Declaraciones de fe y confianza en sus logros, profecías positivas sobre el futuro en el que acabarán demostrando sus capacidades: "Sé que puedes y vas a poder".

h. Reconocimiento a actitudes positivas: "Eres buena hermana o hermano", "Sabes sobreponerte", "Eres optimista"…

i. Reconocimiento a talentos especiales o esfuerzos diversos, por ejemplo (dicho por los niños y niñas):

- "Tienes buena letra."

- "Tocas bien la guitarra."

- "Haces muy bien tu gimnasia."

- "Eres simpático y creativo."

- "Metes unos golazos fantásticos."

- "Te esfuerzas y mejoras en la tarea y en tus calificaciones."

- "Eres ordenado."

- "Vistes bien."

- "Tienes buen físico."

- "Sabes armar cosas."

Y muchas más.

Aquí aplica el consejo de identificar a tus hijos haciendo algo positivo el día de hoy y decírselo, como regla operativa de la casa. Un niño nos decía: "Nunca reconocen mi esfuerzo por ser mejor". Específicamente, los hijos de padres divorciados piden muchas frases positivas, aunque en realidad recibirlas es bueno para todos.

Nota importante

En las encuestas realizadas, nuestros hijos señalaron que les afectan las comparaciones, no las quieren más. También señalan que mucho les gusta escuchar que sus papás admitan que se equivocan o acepten una idea de ellos para corregir que no habían considerado. Quieren más abrazos: un niño de ocho años dijo textualmente "Mi papá trabaja mucho y no me abraza", y una niña comentó "Nunca me abrazan cuando estoy triste".

También piden menos gritos, cero insultos o groserías cuando los regañan y nada de amenazas.

De todas las personas entrevistadas sólo un 5% admitió haber formado parte de una familia que expresaba con frecuencia el amor hacia ellos y les decían frases hermosas al respecto.

¿Te imaginas que logremos aumentar a una respuesta del 50%? ¡O del 90%!, ¿por qué no? Y no tiene que pasar mucho tiempo para ello; con las nuevas tecnologías de redes sociales podemos crear un movimiento fuerte. Sin embargo, hay que advertir que

no se trata de llenarnos de mensajes de "Tú puedes", o frases positivas huecas y repetitivas. Por esa razón publicamos un libro, porque esto tiene que ver con la intimidad del alma y es preciso contactarla una vez, muchas veces, en la vibración que cada espíritu lo necesita. En ese sentido, hacerlo viene desde el interior de las familias hacia fuera, hacia la sociedad. No hablamos de llenarnos de frases positivas por aquí y por allá, aunque de vez en cuando algo de eso que escuchamos bien nos puede servir. Es un regalo de los papás a los hijos, con todo lo que además sucede...

Observa la lista y elige tus primeras tres frases. En el próximo capítulo deberás escribirlas, depuradas, a tu gusto, prepararte para la acción, el momento y la forma adecuados, y ¡manos a la obra! Suma todas las que quieras añadir que no estén en la lista y prepárate de igual manera.

Te sugiero enfáticamente que leas cada frase con calma; siéntela, vívela, visualízala, saboréala. Imagina que eres tú el hijo(a) que está recibiendo ese mensaje, o que tu padre o madre te hubiera dicho eso a ti. Compenétrate; no importa que leas lentamente, aquí no hay prisa, puedes tomar días con la lista, el cambio que vas a iniciar es como las buenas dietas, "¡para toda la vida!".

Al final de cada frase dejamos un espacio para que puedas transformarla, ajustarla, adaptarla o incluso renovarla y mejorarla, de tal forma que se adapte a lo que quieres decir y sea acorde a tu propio contexto.

Las frases son de muchos tipos: algunas pretenden motivar, otras reconocen el carácter vital de la relación, otras más fortalecen el amor, hacen contacto íntimo alma con alma, dan esperanza, sentido de valoración, optimismo, apoyo y mucho más.

Tu reto es priorizar y ver cuáles son las más importantes para empezar. También podría suceder que los mensajes no correspondan a cómo ves a tu hijo(a) o que no necesites decir y considerar en detalle algunas porque tu hijo(a) cumple con lo que en ellas se expresa. En ese caso conviene que las aproveches para fortalecer una acción positiva o los lazos de la relación.

Ejemplo

Tal vez tu hijo(a) ponga todo su interés y entrega a algo que no pertenece al área que tú esperabas, por ejemplo, el estudio de las matemáticas, pero *sí lo hace* en otras cosas, deportes o incluso juegos. Entonces, sí podrás decirle "Me gusta que te entregues y des lo mejor de ti para…", porque es un comportamiento que sí tiene y sí realiza. Como mensaje la frase es eficaz y fortalece la habilidad o capacidad.

En otro momento puedes conectar esta actitud que sí existe con la necesidad de aplicarla a otras cosas en las que necesita superarse. Y digo en otro momento porque no se recomienda dar un elogio o reconocimiento y al mismo tiempo asociarlo con algo que le falta o necesita mejorar o con un reclamo; así se contamina el mensaje y la relación misma, teniendo un impacto que puede ser contraproducente.

Comparemos las frases expresadas correctamente con la expresada incorrectamente.

Correcta:
"Me encanta cómo te entregas a lo que te gusta, como esos juegos."

Incorrecta:
"Si así como te entregas a los juegos lo hicieras con matemáticas…"

Correcta (en otro momento):
"Tú sabes entregarte y poner esfuerzo a lo que haces. La tarea de matemáticas no es fácil, pero sabes dedicarte como lo has demostrado en otras cosas."

La clave del asunto es tomar la cualidad y aprovecharla para que se generalice a otros comportamientos. Si ya se tiene, hay que aplicarlo en otras cosas.

A veces hay que ver a nuestros hijos con lupa para buscarles lo positivo, y vale la pena hacerlo. Somos responsables de depurar una y otra vez nuestra percepción para recoger todo lo valioso que tienen en cualquier área; siempre hay grandes tesoros que nosotros estamos llamados a descubrir, alentar y fomentar.

411 FRASES SUGERIDAS PARA EMPEZAR
(tomadas de nuestras investigaciones)

Frases y más frases (la línea gris es para que adaptes la frase a tu gusto y la anotes)

1. **Tú haces la diferencia en mi vida**

   _____

2. Me das o aportas cosas grandiosas

   _____

3. **Eres mi compañero(a) de vida**

   _____

4. Tú iluminas mi vida

   _____

5. **Tu presencia (sonrisa, ternura, etcétera) es mi tesoro**

   _____

6. ¡Contigo vuelvo a vivir! Gracias

   _____

7. **Siempre planeamos tu llegada**

   _____

8. Confío en ti

   _____

9. **Me haces sentir en paz**

   _____

10. Me tienes bien contento(a)

_____

11. Siempre que te veo, sonrío

_____

12. Tú eres capaz de hacer cualquier cosa

_____

13. ¡Qué inteligente!

_____

14. Aprendo de ti

_____

15. Gracias a ti he crecido como persona

_____

16. Te ves increíble

_____

17. Me haces querer vivir

_____

18. Eres un ser amado, querido y deseado

_____

19. Eres un ser a quien es fácil amar

_____

20. Eres mi princesa

_____

21. Eres mi príncipe

_____

22. Mi amor por ti siempre está presente

_____

23. Mi amor por ti nunca cambia, sólo mejora

_____

24. Mi amor por ti es profundo y entrañable

_____

25. Tú y yo somos un equipo de amor

_____

26. Si te caes, siempre te levantas

_____

27. Estás en mi mente

_____

28. Me envuelves de grandeza y sentimientos bellos

_____

29. Contigo completo mi armonía y felicidad

_____

30. Tú completas mi vida de manera total y definitiva

_____

31. Te entenderé siempre aunque haya cosas que mejorar o corregir

_____

32. Yo te apoyo, somos un equipo, ¡voy contigo!

_____

33. Me encanta que me hables de tu vida y compartamos

_____

34. Conocerte me hace mejor y me enriquece infinitamente

_____

35. Juntos aprendemos a ser

_____

36. Qué bonito te expresas, das fiesta en mi corazón

_____

37. Eres un milagro de vida, no hay palabras para esta grandeza

_____

38. Eres un espíritu grandioso que crece siempre, es tu bello destino

_____

39. Estás asegurado por el amor

_____

40. Tu vida es milagrosa y vale la pena vivirse

_____

41. ¡Eres un ángel!

_____

42. Tu espíritu es lo más importante y lo más bello

_____

43. El amor en tu interior es lo más valioso y nunca cambia, sólo crece

_____

44. Siempre me acuerdo de ti

_____

45. Tus logros son importantes

_____

46. Eres importante siempre porque ya tienes la vida

_____

47. Eres mi mejor amigo(a)

_____

48. Me encanta cómo me entiendes en esto

_____

49. Haces cosas valiosas y además estoy orgulloso(a) de ti

_____

50. Piensas profunda e inteligentemente, me causa satisfacción

_____

51. Eres bueno en lo que haces y eso es un gusto más

_____

52. Nadie mejor que tú puede hacer algo, es tu huella personal y genial

_____

53. Nunca te das por vencido

54. Me haces entender el significado del amor como nunca lo había vivido

55. Eres creativo y creador(a), tienes mis bendiciones siempre

56. Busco siempre tu bien, puedes estar seguro de eso

57. Mi cariño sólo tiene el interés de tu felicidad completa

58. ¡Perjudicarte, jamás!

_____

59. Eres lo más valioso(a) para mí

_____

60. Mi máximo sueño (ilusión, satisfacción, etcétera) es verte bien

_____

61. Puedo equivocarme, pero en amarte nunca me equivoco

_____

62. Lo más bello de mi vida es tenerte a ti

_____

63. Te entiendo (también "te entiendo aunque a veces no esté de acuerdo")

_____

64. Es humano lo que te pasa y se puede comprender

_____

65. Tienes capacidades múltiples, más de las que imaginas

_____

66. Podemos seguir intentando, yo te apoyo y tú haces lo tuyo

_____

67. Los resultados seguramente vendrán si sabemos persistir

_____

68. Tienes mil posibilidades para salir adelante, si una puerta se cierra abrimos diez más

_____

69. Eres muy capaz y tienes múltiples inteligencias

_____

70. Contigo estoy y no es sólo un momento

_____

71. Viene bien, va a estar bien

_____

72. La fiesta apenas empieza

_____

73. Saldremos adelante

_____

74. Nuestro espíritu es imbatible

_____

75. Las cosas mejorarán

_____

76. Nuestro amor siempre puede mejorar y crecer

_____

77. Con paciencia y prudencia lo lograremos

_____

78. Te felicito por tu interés en salir adelante

---

79. Podemos luchar hasta conseguir nuestros sueños

---

80. Nunca abandones tus sueños aunque puedan transformarse

---

81. Eres único(a) en el universo

---

82. Tu valor es incalculable

---

83. Para mí eres grandiosa(o)

---

84. Tus limitaciones te perfeccionan

---

85. Revisemos lo que hacemos para mejorarlo

---

86. Dialogar contigo para mejorar algo es delicioso

---

87. Gracias por el regalo de compartir contigo un problema e intentar solucionarlo

---

88. Eres un tesoro para mí

_____

89. Estamos unidos siempre por nuestro amor

_____

90. Es un regalo vivir contigo

_____

91. Cada vez que te veo es un regalo de vida

_____

92. La vida contigo es simplemente todo

_____

93. El amor nos une y se nos regaló para aprovecharlo y disfrutarlo

_____

94. Escuchar tu espíritu feliz es la mejor melodía para mi corazón

_____

95. Cada vez que estamos en contacto predomina un amor maravilloso

_____

96. Estamos unidos en el amor, el lazo más importante

_____

97. Siempre habrá manera de amarnos más y mejor

_____

98. Mi cuerpo puede estar cansado, distraído o molesto, pero mi amor hacia ti nunca cambia

_____

99. **Eres mi cielo aquí en la Tierra**

_____

100. Siempre estaré para ti

_____

101. **El amor es en serio y nunca abandona**

_____

102. El amor es siempre nuestra mejor salida

_____

103. **Vivir es un dilema, y estoy para darte la mano y comprenderte**

_____

104. Para mí eres único(a) y especial, nadie como tú

_____

105. **Confío en ti y en tu capacidad de hablar con la verdad**

_____

106. Valoro tus esfuerzos

_____

107. **Sabes ser amigo(a)**

_____

108. Puedo contar contigo

109. Mis ojos y mi alma brillan al verte

110. Te admiro (o "Eres digno(a) de admirarse")

111. Eres mi adoración

112. Identifico y valoro tus habilidades

113. ¡Qué inteligente eres!

114. Tu manera de expresar cariño me encanta y hace feliz

115. Te amo y no resisto abrazarte

116. No sabes cuánto te aprecio y aprecio estar contigo

117. Tu alma es preciosa

118. Eres la razón de mi vida

119. **Me levanto con una sonrisa en la mañana por pensar en ti**

120. Sabes reflexionar y profundizar

121. **Aprendes rápido y eres persistente hasta dominar algo**

122. Tú me has enseñado muchas cosas en la vida

123. **Creo en ti y en que tienes un gran proyecto para tu vida**

124. El amor corrige, el desinterés abandona

_____

125. Me llevo fácil contigo, con la mirada nos entendemos

_____

126. Siempre eres y serás necesario(a) para mí

_____

127. Me encanta cómo platicas y escucharte cuando lo haces

_____

128. Eres atinado(a) y sagaz, oportuno(a), apropiado(a)

_____

129. Me encanta tu olor natural

_____

130. Haces muchísimas cosas bellas

_____

131. Tú ocupas un lugar único en mi corazón

_____

132. Eres mi prioridad máxima

_____

133. Siempre tengo una llama de amor hacia ti

_____

134. Siempre te espero y te esperaré con gusto

_____

135. Me haces sentir acompañado(a)

136. Cuando tú estás, me siento automáticamente feliz

137. Me entusiasma tu desarrollo y avance

138. Me encanta que estés al pendiente de tu salud y lo valoro mucho

139. Cuando tratas bien a tu cuerpo, mi corazón se siente feliz, ¡te lo aplaudo como no te imaginas!

140. Embelleces mi día

141. Me encanta tu mente ingeniosa que piensa en los demás

142. ¡Sí puedes, tú saldrás adelante!

143. Los sentimientos más bellos que tengo están unidos a ti

144. Eres salud para mí por la alegría que me das

145. Es interesante lo que haces y dices, eres interesante

146. Me encanta que tengas varias habilidades

147. Es importante lo que haces

148. Me da paz estar contigo, me tranquilizas

149. Mi alma tiene un sello que vibra con tu nombre

150. Eres mi locura más feliz

151. El milagro de tenerte es lo mejor de mi vida

152. Nada es lo mismo sin ti

153. El calor que me das es todo para mí

154. He gozado tu vida minuto a minuto

155. Bendito milagro el tenerte y estar contigo

156. Con tu amor descubrí el cielo

_____

157. **No sabes todo lo que me has dado, lo cuento en segundos y para siempre…**

_____

158. Mirarte es mi máximo deleite

_____

159. **Abrazo a mi compañero(a) del camino, juntos por siempre**

_____

160. Nada es más importante que tú

_____

161. **Sabes lograr metas**

_____

162. Adoro la bondad de tu corazón

_____

163. **Siempre te considero en mis pensamientos y acciones**

_____

164. Siempre estás en mi mente y en mi corazón

_____

165. **Me identifico contigo**

_____

166. Tenemos gustos comunes

167. Tú sacas lo mejor de mí

168. Sabes dar lo mejor de ti a lo que te propones

168. Tu amor es necesario

169. Nuestro amor no tiene barreras ni fronteras

170. El que participes me encanta y cambia mi motivación

171. Me encantan tus ideas y cómo las plasmas

172. Me felicito a mí mismo cuando haces deporte

173. ¡Metiste un golazo! (se refiere a un éxito y puede incluir fútbol)

174. Cuando te veo, me emociono de una manera incomparable

175. Me gusta que buscas la verdad y no te engañas

176. Compartir contigo es de lo más divertido

_____

177. Apoyarte es mi misión y mi meta

_____

178. Tu lucha, tus esfuerzos y tus decisiones tienen un gran valor

_____

179. El amor que nutre nuestras almas es incalculable e invaluable

_____

180. El que me ayudes en casa me hace relucir y te lo agradezco mucho

_____

181. Estoy feliz porque te aplicas y pones empeño

_____

182. Sabes consentirme y ése es otro gran regalo que recibo de ti

_____

183. Cuando me ayudas estoy en el cielo, gracias

_____

184. Te lo ganaste con tu esfuerzo y estoy orgulloso(a) de ti

_____

185. Dios te ilumina y nunca te abandona

_____

186. No sabes cómo disfruto cada paso de tu crecimiento

187. Tus actitudes me han dado los mejores momentos

188. Me abruma el milagro de tenerte, nunca imaginé que fuera posible tanta dicha

189. Estás a un paso de lograrlo, vamos, te felicito

190. Yo soy responsable de mi felicidad, no es tu carga personal

191. Qué hermoso es tu nombre, me encanta repetirlo en mi interior

192. Me encanta tu proactividad y que te adelantes a las cosas con dinamismo

193. Tienes un toque genial

194. Los hábitos que has desarrollado hablan bien de ti

195. Eres necesario en este mundo y en el universo

196. Me encanta tu habilidad para…

_____

197. Me gusta el timbre de tu voz

_____

198. Caminar contigo en el amor es el único camino que deseo para mí

_____

199. Tu autoestima no la determinan los demás ni lo que te compras o tienes

_____

200. Puedes llorar en mi hombro

_____

201. Siempre seré tu roca

_____

202. Tus abrazos son magia

_____

203. Tus palabras (sonrisa, mirada, gestos) sanan mi alma

_____

204. Me encanta protegerte y cuidarte

_____

205. Siempre estarás rodeado de amores para ti

_____

206. Nunca dudes de tu valor único y total

_____

207. Aprecio cada momento contigo

_____

208. Nosotros elegimos la actitud para salir adelante y eso lo he aprendido también de ti

_____

209. Tienes muy buen oído (vista, cuerpo, etcétera)

_____

210. Lo que tú crees es importante y único, escucha a tu corazón

_____

211. Te adoro (con voz lenta y pausada)

_____

212. Me gusta que luchemos juntos en la vida, haces la diferencia

_____

213. Soy feliz cuando te acercas con confianza a mí

_____

214. ¿Cómo quieres que te diga las cosas para que realmente te ayuden mejor? Quiero servirte lo mejor posible

_____

215. Soy tu aliado, busquemos juntos la verdad

_____

216. Quisiera que nunca sufrieras ni te pasara nada, pero la vida nos da a cada uno experiencias que tienen que vivirse

216. Estoy contigo y para ti

217. Eres una reina, un rey

218. Conmigo estás seguro(a), siempre estaré a tu lado

219. Me haces muy feliz cuando me cuentas tus dudas y lo que ves extraño en otros o en tu vida

220. Los demás pueden decir o insinuar que eres menos; ellos siempre estarán equivocados, tu valor es total, único y nunca menos que nadie

221. Los demás no tienen poder sobre ti y yo estoy para ayudarte a descubrirlo

222. En la vida lo más importante es nuestra unión de amor

223. Me gusta que expreses tu enojo sin ofender

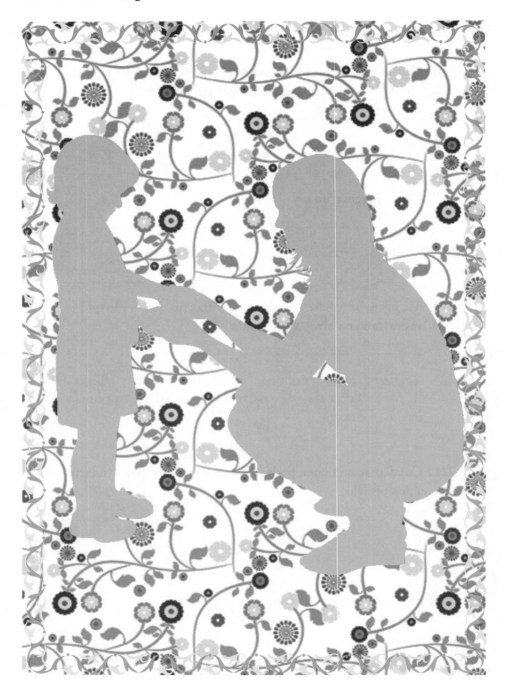

224. Podemos discutir y tener algún problema, pero nunca nos quedaremos en eso, siempre encontraremos una salida

___

225. Cuando me dices que mis consejos te gustan o te son útiles, lo disfruto enormemente.

___

226. Me fascina compartir mi experiencia de vida contigo y serte útil

___

227. No sabes cómo disfruto reflexionar contigo y descubrir cosas

___

228. Cuanto más te descubro más te admiro, me deslumbras

___

229. No sabes el gozo que me da oírte reír o verte contento(a)

___

230. Te amo más que a mi propia vida

___

231. Eres la razón de mi existencia, lo más importante. Mil gracias porque con tu llegada muchas cosas cambiaron para bien

___

232. Es increíble cómo tú, pequeño(a), puedes hacer sentir algo tan gigantesco y maravilloso

___

233. Trajiste una bendición a mi vida

_____

234. Sólo cuando te tuve por primera vez en mis brazos pude comprender lo que sintió mi madre al tenerme en los suyos

_____

235. Siempre fuiste un bebé deseado y lo único que tu papá y yo quisimos fue tenerte con mucho amor

_____

236. Llenaste mi vida de ilusión y junto con ella la dicha de comprender lo que significa la palabra mamá

_____

237. Eres un milagro único e imposible de repetir

_____

238. Cuando me apretaste el dedo por primera vez con tu manita, me atrapaste para siempre

_____

239. Eres un milagro de vida

_____

240. Mi mundo siempre será bello porque te tengo a ti

_____

241. Quiero siempre aprender a amarte más y mejor

_____

242. Mi amor hacia ti no tiene límites

243. **Para qué mirar la luna si te tengo a ti, para qué mirar al sol, si está después de ti**

244. Sólo con mirarte tengo la felicidad suficiente y absoluta

245. **Tengo grabado tu nombre en cada gota de mi sangre**

246. Tu mirada es como un cielo con estrellas

247. **Tú eres mi paraíso**

248. Estar contigo es como olvidar el tiempo, no existe, no me canso

249. **Toda la riqueza del mundo nada vale con tenerte a ti**

250. Te quiero y no importa la distancia, los pensamientos, el tiempo; siempre estás presente en mí, eres mi mejor regalo

251. **Tú me haces sentir bien y yo nunca te mentiré para que te sientas bien**

252. Te beso con los ojos

_____

253. Contigo realicé mis sueños y estoy contigo para ayudarte a realizar los tuyos

_____

254. Siempre tengo prisa por verte y abrazarte

_____

255. Yo confío en que tratas de dar lo mejor de ti

_____

256. Te amo y quiero que seas lo mejor para ti y nadie más

_____

257. Te amo en la libertad pero con responsabilidad

_____

258. Siempre estaré a tu lado, no adelante, no atrás

_____

259. Di, amor, dime todo lo que quieras. Quiero escucharte siempre sin interrupción

_____

260. De tu sonrisa al sol, prefiero tu sonrisa

_____

261. Juntos hasta el final, en la salud y en la enfermedad

_____

262. Nuestra oportunidad es para el amor y la felicidad, la vida tiene sentido contigo pase lo que pase

_____

263. **Eres un ramo de felicidad todos los días para mí**

_____

264. Amemos siempre la verdad ante todo, tú eres mi verdad y nuestras almas se tocan con autenticidad

_____

265. **Soy un padre enamorado, una madre enamorada de ti**

_____

266. Si tuviese un deseo sería que siempre fueses lo primero que vea por la mañana al despertarme y lo último que vea en la noche antes de dormirme

_____

267. **El solo hecho de estar sentado a tu lado, sin hacer nada en absoluto, es todo para mí**

_____

268. Mi éxito es amarte

_____

269. **Cuento los minutos para verte**

_____

270. Vamos con mucho entusiasmo a la escuela de padres porque queremos ser los mejores padres para ti (o en singular)

_____

271. **Puedo equivocarme, pero nunca pienses que mi intención es perjudicarte o dañarte. Y puedo aceptar mis errores ante ti**

_____

272. Repaso los momentos contigo y gozo el milagro de haberte conocido

_____

273. **Jamás dejaré que te pase nada en lo que yo puedo controlar**

_____

274. Mis encuentros contigo valen oro, cada uno tiene un sentido

275. **[En caso de divorcio] Te queremos más que a nadie y nada tienes que ver en que se haya acabado el amor entre nosotros**

276. [En caso de divorcio] "Nuestro amor y su presencia no van a cambiar para ti, aunque haya algunos ajustes"

277. **Realmente sabes escuchar, gracias, y te felicito**

278. Tú sabes labrar tu éxito con tu persistencia

279. **Escucha a tu corazón más que la opinión de otros**

280. Tu mentalidad es fuerte y eres capaz de superarte

281. **Confía en ti mismo, nosotros confiamos en ti**

282. Acéptate a ti mismo como eres, eres una bendición

283. **Tú puedes ayudarte a ti mismo a sentirte mejor**

284. Aprobarte a ti mismo es más importante que la aprobación de los demás

_____

285. Me encanta tu coraje para vivir

_____

286. Aprendes a enfrentar las adversidades

_____

287. Las cosas pueden dolerte, pero tú evitas que te dañen

_____

288. Tú eres tu mejor amigo(a)

_____

289. Me gusta que te hables a ti mismo con la verdad y aceptes tus errores

_____

290. Me encanta que no limites tus sueños

_____

291. Me alegra que veas la vida con esperanza

_____

292. Sabes aprender cuando pierdes y eso es saber ganar

_____

293. Nadie puede doblegar tu espíritu

_____

294. Tienes voluntad y nadie la puede corromper

_____

295. Me gusta que buscas tu bien personal y el de los demás, eso es amor con hechos

_____

296. Sabes recibir las bondades que los demás te entregan y las agradeces, te felicito

_____

297. Me gusta cómo respetas a los demás y a ti mismo

_____

298. Sabes ver también las cosas positivas de tu vida

_____

299. Tienes grandes tamaños

_____

300. Nadie puede hacer ciertas cosas mejor que tú

_____

301. En los momentos difíciles eres heroico(a) y valiente

_____

302. Tus palabras bellas hacia mí me sanan el alma

_____

303. Tu amor alimenta mi fe y mi sentido de la vida

_____

304. Tu amor me hace sentir el cielo infinito

_____

305. Tu optimismo me ayuda también a mí a superarme

_____

306. Siempre estaré de tu lado, buscando la verdad juntos

_____

307. Tú siempre estás en mi equipo y eres una parte fundamental de él

_____

308. Mi alma se nutre de tu amistad

_____

309. Es bellísimo que encontremos consuelo uno en el otro y tú me has consolado sabiamente en ocasiones, ¡gracias!

_____

310. Yo me doy cuenta de que continúas y eres persistente en tus esfuerzos, y lo aprecio

_____

311. Me gusta cómo te preocupas por tu salud, tu rendimiento y tu felicidad, así como los de los demás

_____

312. Mi corazón te pertenece

_____

313. Tu alma también me ha enseñado a amar a los demás

_____

314. No te imaginas todo lo que tu existencia le ha dado a mi vida

_____

315. ¡Firmo un pacto de amor exclusivo contigo!

_____

316. Comparto tus ideales

_____

317. Me gusta que tus promesas se cumplen

_____

318. Creéme que quiero comprenderte siempre

_____

319. Estoy para ti

_____

320. Tienes y cuentas con mi palabra

_____

321. Me gusta que sacas lo mejor de ti

_____

322. Me gusta que intentas entender a los demás en lugar de condenar

_____

323. Eres una pieza clave en la familia

_____

324. Tienes muchas cosas valiosas para aportar de tu persona

_____

325. Das calor a nuestro hogar

_____

326. Cuando no estás se nota tu ausencia

_____

327. Eres necesario(a) por muchas razones importantes

_____

328. Eres irremplazable

_____

329. Tu ternura y buena fe son esplendorosas

_____

330. Tienes muchas cosas que admirar

_____

331. Das un buen ejemplo

_____

332. No eres un ser despreciable por los errores que has cometido

_____

333. Gracias por cuidarme y cuidar la relación de tu parte

_____

334. Gracias por hacerme sentir bien conmigo mismo(a) y por tus elogios

_____

335. Contigo me siento plena(o), ¡gracias!

_____

336. Gracias por aceptarme como soy

337. **Gracias por existir y ser quien eres**

338. Con tu paso los demás se enriquecen y aprenden

339. **Puedes inspirar a los demás a ser mejores**

340. De tus errores has aprendido y crecido, te felicito

341. **Me sorprenden tus habilidades para enfrentar la vida**

342. Lograrás lo que sueñas y te propones

343. **Nunca has estado solo(a) y nunca lo estarás**

344. Rendirnos no es una opción

345. **Tu felicidad es mi trabajo y el tuyo también**

346. Me gusta tu forma de hablar

347. Siempre serás útil para algo

_____

348. Me gusta tu actitud de agradecimiento

_____

349. Tu actitud de servicio es admirable

_____

350. Cooperas con todos en la casa y eso hace descansar a mi alma

_____

351. Tienes agallas

_____

352. Cuando veo tus esfuerzos me inspiras a dar también lo mejor de mí

_____

353. Eres todo un hombre, eres toda una mujer

_____

354. Me da gusto que hagas planes inteligentes y los sigas

_____

355. Tomas tus decisiones y te haces responsable de ellas sin asumir el papel de víctima, te felicito

_____

356. Cuanto más te dedicas, más aprendes, y eso me hace muy feliz

_____

357. Siempre podrás resolver los exámenes

_____

358. Me gusta tu apego a la verdad y al juicio razonable

_____

359. Me encanta ver cómo buscas nuevas maneras de hacer las cosas

_____

360. Buscas y logras decir las cosas sin lastimar, pero con verdad

_____

361. Sentirte al lado mío es muy importante para mí

_____

362. Tus abrazos y besos son terapia para mí, gracias

_____

363. Me enorgullece ser tu padre (madre)

_____

364. Tu cariño facilita la comunicación

_____

365. Me encantan tus diversas cualidades e intereses

_____

366. Es feliz que cuides tu salud en todos aspectos

_____

367. **Me encanta que previenes las cosas y los problemas**

368. Sabes escuchar la información y analizarla, te felicito

369. **Tú siempre tendrás tu lugar en casa**

370. Puedes influir positivamente en los demás y ser líder

371. **Buscas manejar adecuadamente las situaciones, te felicito**

372. Me encanta que usas las palabras más precisas

373. **Sabes tolerar las diferencias, te felicito**

374. Promueves la concordia en lugar de provocar peleas, felicidades

375. **Hablas las cosas sin guardártelas, eso es muy importante, gracias**

376. Siéntete bien contigo mismo porque haces lo mejor que puedes y con muy buena intención

377. Disfruta, te lo mereces

_____

378. Eres cumplido(a) y trabajador(a)

_____

379. Todo lo que haces es importante y vale la pena

_____

380. Me gusta que sabes analizar

_____

381. Tú nunca irás por mal camino

_____

382. Sabes ubicarte

_____

383. En situaciones difíciles asumes el control

_____

384. Muestras flexibilidad cuando es necesario

_____

385. Me gusta tu mentalidad ganadora

_____

386. Con sólo vivir ya eres campeón de la vida

_____

387. Me gusta que busques la congruencia

_____

388. Buscas la objetividad y eso ayuda mucho a resolver los conflictos

389. **Las acciones de amor que llevas a cabo tienen valor de eternidad**

390. Me encanta tu forma de ser

391. **Contribuyes a armonizar**

392. Eres soñador(a)

393. **Eres fiel y confiable**

394. Me encanta tu apoyo

395. **Eliges las mejores actitudes para cada situación, te felicito**

396. Tus necesidades y gustos son valiosos

397. **Sabes combinar la ropa**

398. Actúas con seguridad

399. **Yo también cometí errores cuando tenía tu edad**

400. Tu sonrisa abre puertas y crea puentes de comunicación

401. **Nadie mejor que tú, nadie como tú, quién como tú, eres un ser precioso, único, individual y necesario**

402. Me gusta que no dependas de la aprobación de los demás como una necesidad vital

403. **Me encanta tu astucia**

404. Tu labor en el mundo tiene una trascendencia

405. **Sabes controlarte**

406. Una caída no es una derrota para ti, felicidades

407. **Me contagias las ganas de vivir**

408. Juntos como familia saldremos adelante

409. Nadie tiene el poder de hacerte sentir menos si tú no lo permites

410. Nadie puede con tu espíritu y tus decisiones para ser feliz

411. Me causa gran alegría tenerte cerca de mí

Capítulo 7

Tu plan para sanar con la palabra, en acción. ¡Método para transformar tu entorno para siempre!

Te sorprenderás de lo que las palabras bellas hacen y cambian, y cómo con el paso del tiempo se va desarrollando la arquitectura del cielo en la Tierra.

JEKA

Plan "Dilo bien" (contacto alma con alma)

El plan consiste en los siguientes elementos:

a. Decide cuál será la frase. Recuerda: contundente, directa, entendible, positiva, entusiasta, dicha con contacto visual y personalizado, y en el momento oportuno. Puedes pulirla, ensayarla previamente ante el espejo; busca impactar y conmover por la convicción que tienes sin dejar de ser tú mismo.

b. Prepárate para ese momento "sagrado". Tú no sólo le vas a regalar una frase, sino que vas a contactarte con su alma, de corazón a corazón. Disfruta ese momento tan bello y dale todo tu amor, son unos segundos pero dejarán un recuerdo fantástico para ambos. Ya no habrá al final de la vida que lamentarse con un "Le hubiera dicho esto o aquello", eso es para hoy y de ahora en adelante. Imagina que serán pinceladas de cielo, en ese acercamiento que sólo una madre o padre, con la pureza del amor, puede tener con su hijo; momento inolvidable, rápido, pero que va al centro de lo que más sentido tiene en la vida: el amor esencial.

No tiene que haber perfección en forma, sino en intención y autenticidad.

c. *Lánzate, registra y observa.* Deja que todo fluya naturalmente, observa sus expresiones no verbales y no seas repetitivo, eso puede provocar que se pierda el poder del mensaje. No dudes que con una sola mención queda registrado, es suficiente y días después, si te parece necesario, podrías hacer alguna otra mención. Salta a tu siguiente frase para las próximas horas.

Si la respuesta de tu hija o hijo es negar tu frase, descontarla o sabotearla de alguna manera, puedes enfrentar esa actitud dialogando o reafirmando tu sinceridad; podría ser una respuesta simpática, pero que sí le llegó aunque no sepa cómo manejarla y la disminuya. Si este problema fuera persistente habría que observar en qué grado se encuentran su autoestima o su optimismo.

De cualquier manera, el mensaje sincero llega y con el paso de los días hay que trabajar en que se diga y se sepa escucharlo.

NOTA FINAL

Bordar el alma de tus hijos con los hilos dorados
de tu comunicación preciosa y amorosa,
es el legado por el que te sentirás
más orgulloso al final de tu vida.

JEKA

¡Tu palabra bella queda para siempre!
Tu boca habla milagros, te felicito

Cuando das a tus hijos bella información acerca de quiénes son y lo que son capaces de darte en lo más profundo, obras el milagro de entregarles una presencia que se queda para siempre y que como "voz viva" prevalecerá en ellos. Hará algo tan especial para su bien que les permitirá sacar fuerzas de flaqueza, arrojo ante el temor, esperanza y fe inquebrantables, y capacidad de darse y dar a la vida lo mejor de su esencia.

Esto es un milagro porque sólo los espíritus podemos actuar a ese nivel, es algo que va más allá de lo convencional y es fuente de sueños e ilusiones que nunca terminarán. Vayamos a donde vayamos, cada sonrisa se querrá recordar siempre y tendrá valor de eternidad, y no me refiero a la otra vida sino a todas esas generaciones que se beneficiarán de la sabiduría feliz de sus ancestros, que sabrán aplicar con más facilidad en sus pequeños retoños... al infinito. Los efectos secundarios serán múltiples y tú alcanzarás a verlos.

Dejamos una colección de frases para registrar tu plan y sus avances, así como observaciones sobre el mismo.

MIS PRIMERAS 30 FRASES

Las palabras pesan, especialmente las de los papás;
hagamos que obren milagros en el alma de nuestros hijos.

JEKA

En las páginas siguientes encontrarás estrellas con espacios proporcionados para escribir. En cada estrella grande escribe una frase que decidas que es la quieres decirle a tu hijo(a), exprésala con toda sinceridad y amor, y después escribe en las estrellas a su alrededor los efectos que tuvo la frase en cuestión.

Úsalas cuando lo consideres conveniente, por ejemplo, una por semana.

No dudes por un segundo que todo lo que les has dicho a tus hijos y lo que has intentado hacer en positivo perdurarán en su mente y su corazón.

Posiblemente a veces no encuentres reacción o respuesta de su parte, ni siquiera un comentario de gusto por lo que les has expresado, pero no te preocupes; es posible que se trate sólo de una simple postura y que la realidad es que habrás iluminado su interior, quedando la entrega registrada en su alma.

Estas palabras que les has comunicado permanecerán como referencia para muchos momentos futuros de soledad, de crisis, de recuerdo o añoranza, y la sensibilización conseguida trascenderá a sus hijos y a las siguientes generaciones. Parecería que no fue mucho —sólo unas frases, dirás—, pero ¡sí es mucho y muy significativo!

EFECTO

EFECTO

1
MI FRASE

EFECTO

EFECTO

◆ ◆ ◆ ◆ ◆ ◆ ◆ ◆ ◆ ◆ ◆ ◆ ◆ ◆ ◆

EFECTO

EFECTO

2
MI FRASE

EFECTO

EFECTO

EFECTO

EFECTO

3

MI FRASE

EFECTO

EFECTO

EFECTO

EFECTO

4

MI FRASE

EFECTO

EFECTO

EFECTO

EFECTO

5

MI FRASE

EFECTO

EFECTO

EFECTO

EFECTO

6

MI FRASE

EFECTO

EFECTO

EFECTO

EFECTO

7
MI FRASE

EFECTO

EFECTO

◆ ◆ ◆ ◆ ◆ ◆ ◆ ◆ ◆ ◆ ◆ ◆

EFECTO

EFECTO

8
MI FRASE

EFECTO

EFECTO

EFECTO

EFECTO

9
MI FRASE

EFECTO

EFECTO

EFECTO

EFECTO

10
MI FRASE

EFECTO

EFECTO

EFECTO

EFECTO

11

MI FRASE

EFECTO

EFECTO

EFECTO

EFECTO

12

MI FRASE

EFECTO

EFECTO

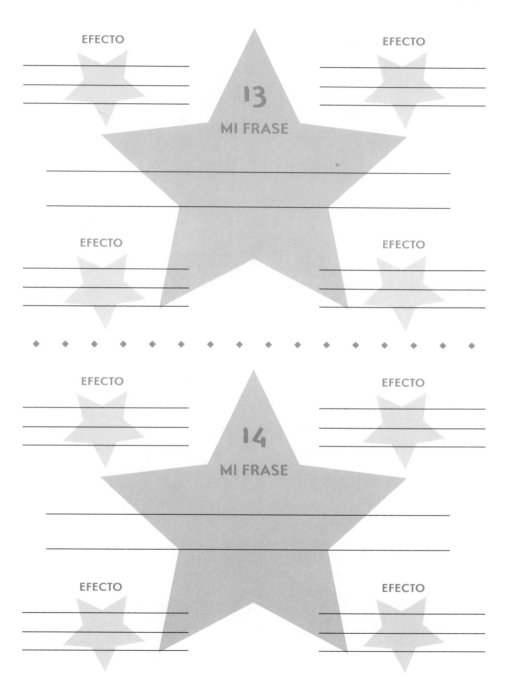

EFECTO

EFECTO

13
MI FRASE

EFECTO

EFECTO

EFECTO

EFECTO

14
MI FRASE

EFECTO

EFECTO

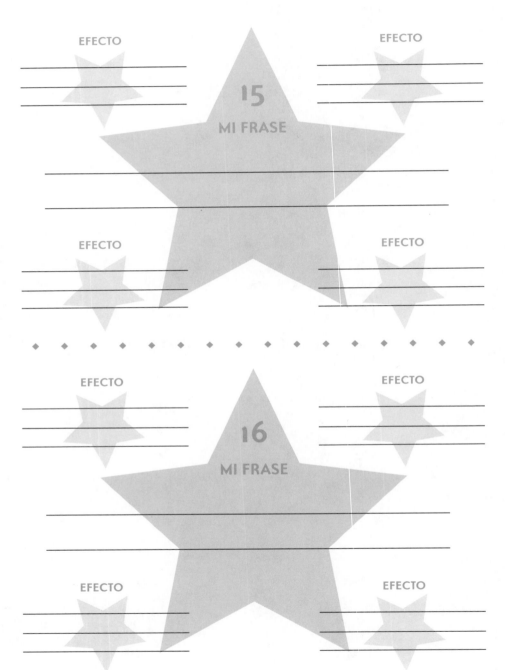

EFECTO

EFECTO

15
MI FRASE

EFECTO

EFECTO

EFECTO

EFECTO

16
MI FRASE

EFECTO

EFECTO

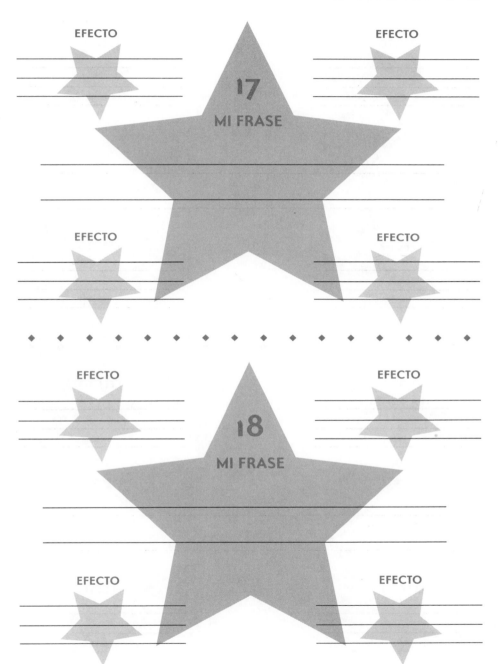

EFECTO

EFECTO

17
MI FRASE

EFECTO

EFECTO

18
MI FRASE

EFECTO

EFECTO

EFECTO

EFECTO

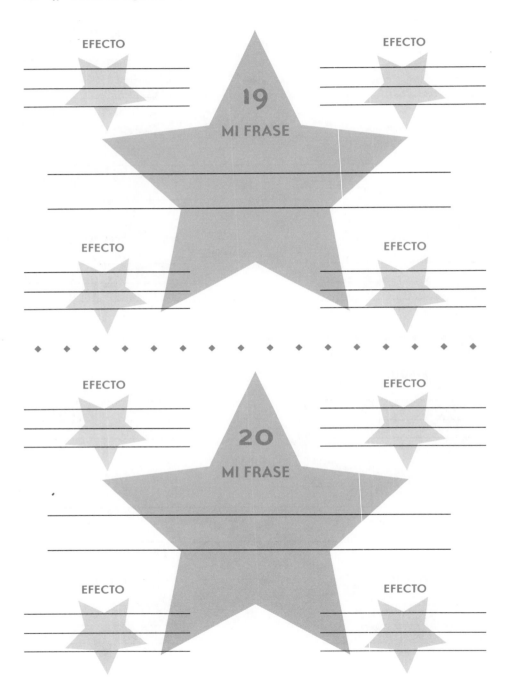

EFECTO

EFECTO

19
MI FRASE

EFECTO

EFECTO

EFECTO

EFECTO

20
MI FRASE

EFECTO

EFECTO

EFECTO

EFECTO

21

MI FRASE

EFECTO

EFECTO

◆ ◆ ◆ ◆ ◆ ◆ ◆ ◆ ◆ ◆ ◆ ◆ ◆

EFECTO

EFECTO

22

MI FRASE

EFECTO

EFECTO

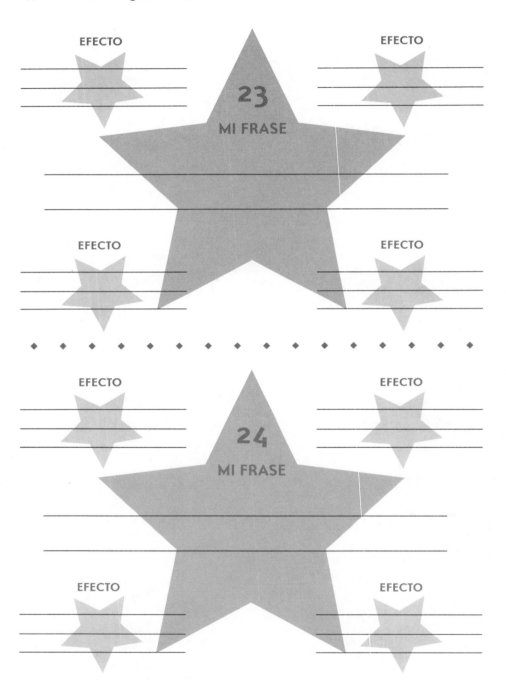

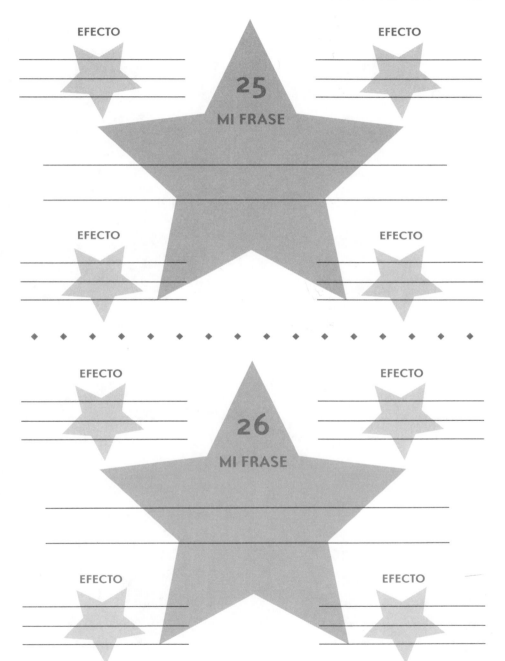

EFECTO

EFECTO

27
MI FRASE

EFECTO

EFECTO

EFECTO

EFECTO

28
MI FRASE

EFECTO

EFECTO

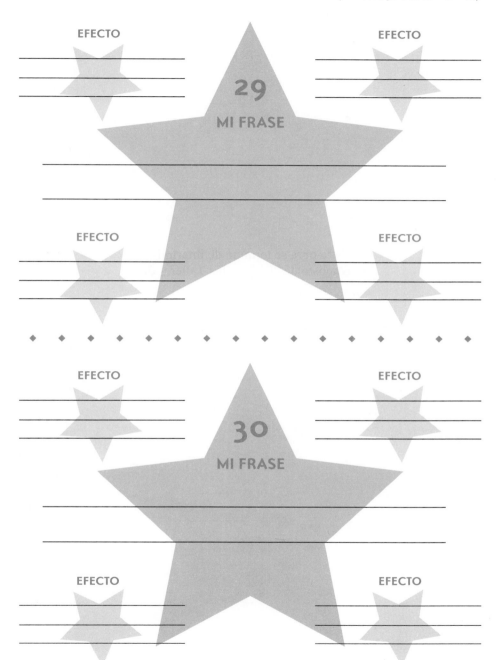

EFECTO

EFECTO

29
MI FRASE

EFECTO

EFECTO

30
MI FRASE

EFECTO

EFECTO

EFECTO

EFECTO

Esta obra se terminó de imprimir
en agosto de 2014, en los Talleres de

IREMA, S.A. de C.V.
Oculistas No. 43, Col. Sifón
09400, Iztapalapa, D.F.